[美] 罗伯特 · J. 马扎诺 Robert J. Marzano 著

目标教学法

Designing & Teaching
Learning Goals & Objectives

中国青年出版社

图书在版编目（CIP）数据

目标教学法 / (美) 罗伯特 · J.马扎诺著；王晔译.
北京：中国青年出版社，2024. 7. -- ISBN 978-7-5153-7295-2

Ⅰ. G424.1

中国国家版本馆CIP数据核字第2024WT0561号

目标教学法

作　　者：[美] 罗伯特 · J. 马扎诺
译　　者：王　晔
责任编辑：肖妩嫔
文字编辑：侯雯洁 郑敏芳
美术编辑：佟雪莹
出　　版：中国青年出版社
发　　行：北京中青文文化传媒有限公司
电　　话：010-65511272 / 65516873
公司网址：www.cyb.com.cn
购书网址：zqwts.tmall.com
印　　刷：大厂回族自治县益利印刷有限公司
版　　次：2024年7月第1版
印　　次：2024年7月第1次印刷
开　　本：787mm × 1092mm　1/16
字　　数：131千字
印　　张：11.5
京权图字：01-2022-6156
书　　号：ISBN 978-7-5153-7295-2
定　　价：49.90元

CONTENTS

目 录

致 谢

马扎诺资源中心对以下为本书审核工作做出贡献的人员表示感谢：

格洛丽亚 · 奥尔特（Gloria Alter）

（威斯康星州贝洛伊特镇，贝洛伊特学院兼职副教授）

朱迪 · 比默（Judy Beemer）

（堪萨斯州琼金森市，琼金森高中教学指导）

海迪 · 莱格 · 伯罗斯（Heidi Legg Burros）

（亚利桑那州图克森市，亚利桑那大学兼职副教授）

凯蒂 · 拉普（Katy Lapp）

（科罗拉多州科罗拉多斯普林斯，科罗拉多大学教育专业讲师、中学教师导师）

贝托拉姆 · 拉姆哈拉克（Baytoram Ramharack）

（纽约埃尔蒙特，埃尔蒙特纪念高中社会研究教研室主任、教师）

莎伦 · 勒默（Sharon Roemer）

（加利福尼亚州阿罗约格兰德，露西亚马尔联合学区课程和教学主管）

马西娅 · 休厄尔（Marcia Sewall）

（加利福尼亚州圣地亚哥，加利福尼亚大学讲师）

希瑟 · 斯帕克斯（Heather Sparks）

（俄克拉何马州俄克拉何马市，塔夫脱中学八年级数学教师）

前言

本书旨在为一线教师、学校和学区管理者提供可用于课堂、有助于提高学生成绩的基于研究的教学策略。书中提到的多数策略已经在《教学的艺术与科学：有效教学的综合框架》《卓有成效的课堂管理》[①]和《有效的课堂教学手册》中讨论过。虽然在这些图书中，只有一个章节或章节中的部分内容提到了上述教学策略，但本书却用整本书的篇幅叙述了一个教学策略或一系列相关策略。

设计清晰的学习目标和目的是有效教学的重要组成部分。我们甚至可以说目标的设置是有效教学的必要条件。如果教师不确定教学目标，那么他们的教学活动就会没有重点，而缺乏重点的教学活动会对学生学习造成不良影响。顾名思义，设计和教授目标与目的需要深入了解教学内容的性质和学习的本质。本书则阐述了与有效目标的设计和使用相关的研究、理论和实践。

我们在第1章简短且全面地回顾与目标设定相关的研究和理论。虽然你可能会跳过这章，直接阅读那些提供课堂实践建议的章节，但我还是强烈建议你仔细阅读这些研究和理论，因为这是整本书的基础。而本书的根本目的就是展示那些在现有最强大的研究和理论基础之上的最实用

① 本书中文简体版已由中国青年出版社2024年4月出版。

的教学策略。

因为研究和理论只能向课堂实践提供一般性指导，而本书进一步将上述研究转化为了课堂中的具体应用方式。但是，必须要强调的是每位教师都要做出必要的改变，才能满足他们学生的独特需求。

如何使用本书

本书可当作自学教材使用，它深入地讲解了如何设计和教授课堂目标与目的。在阅读多个章节后，你可以用本书随附的多项练习进行训练。你需要完成各项练习，然后将你的答案与书后的答案对比。这样，你既可以回顾所学内容，又可以检查自己是否已经理解了所学知识。

本书还可供想要深入研究设计和教授学习目标这一主题的教师团队或学校教职工使用。此种情况下，教师团队成员应独立完成练习，而后以小组和大组为单位对比答案。

第1章

研究和理论

在讲解有关目标和目的的研究和理论之前，我们需要考虑一下术语问题。不同人对“目标”和“目的”等词汇有不同的使用方式。对于一些人来说，“目标”一词仅适用于课程总体目标，而“目的”一词则用来指日常的教学目的。在研究和理论领域，对于一般和具体目的而言，这类术语是可以互换使用的。在本书中，这类术语将互换使用。但正如以下讨论内容所展示的，本书重点将放在日常课堂教学上。

早在20世纪前半期，教育哲学家和评论家拉夫·泰勒（Ralph Tyler）就证实了目标和目的的重要性。泰勒认为，结构完善的目标应清晰指明知识种类和能够证明该类知识相关能力的行为。在泰勒提出这一建议前，教育者一般不会将具体的信息领域和技能作为学生学习的目标，而将“概率”或“二战”等宽泛的词汇作为最为具体的课程组织用语。

泰勒对于内容和学习本质的深刻见解表明，教育者必须设计具体的目标，并确定体现这些目标达成的行为。大卫·克拉斯沃尔（David Krathwohl）和大卫·佩恩（David Payne）区分了3种水平或类型的目标：总体目标、教育目标和教学目标。罗伯特·J. 马扎诺和约翰·肯德尔（John Kendall）描述说，总体目标是最宽泛的，它们涉及广泛且复杂的领域。例如，“学生能够应用概率的基本性质”就是一个总体目标。

教学目的是3种目标中最为具体的。在《准备教学目标》（*Preparing Instructional Objectives*）一书中，罗伯特·马杰（Robert Mager）就提到一个好的教学目标应包括3个要素：

1. **表现。目的应说明学习者应该能够做什么；有时可以描述所做事情的成果或结果。**
2. **条件。目的应说明使上述表现可达成的重要条件（如果有的话）。**

3. 标准。如果可能，目的应描述学习者表现必须达到的程度，说明表现的标准。

教育目标位于这3个目标的中间部位。它们表明了知识涵盖的具体领域，但并不像教学目的一样，指明表现达成的条件和成功的标准。在本书中，我们关注的主要是教育目标，现在我们通常称之为学习目标。我们还会对在教学方面如何达成上述目标进行深入研究。

学习目标对于日常的课堂活动的重要性显而易见。目标是设计课堂活动的原因。没有清晰的目标，课堂活动就没有方向。研究人员约瑟夫·克拉依奇克（Joseph Krajcik）、凯瑟琳·麦克尼尔（Katherine McNeil）和布莱恩·莱塞（Brian Reiser）解释称，优秀的教学要从清晰的学习目标开始，根据学习目标，教师可以选择相应的教学活动和评估方式来帮助学生向着学习目标前进。

需要记住的是目标的设定并不专属于教育领域。的确，就理论而言，它根植于组织心理学。在艾德文·洛克（Edwin Locke）和盖里·莱塞姆（Gary Latham）于1990年出版的《目标设定和任务绩效理论》（*A Theory of Goal Setting and Task Performance*）一书中，他们在组织理论框架下，全面回顾了目标设定的做法。虽然他们的研究重点是工作状态下的目标设定和绩效，但他们也强调了与工作相关的目标理论中的大部分内容可以且应该扩展到教育领域。

表1.1（见后文）展示了本书中建议所依据的大部分研究。

表1.1　目标制定的研究结果

综合性研究	重点	效应量数目	平均效应量	百分位增益
怀斯（Wise）和奥基（Okey），1983[a]	目标或目的制定的一般效应	3 25	1.37 0.48	41 18
奇德斯特（Chidester）和格里格斯比（Grigsby），1984[b]	目标难度	21	0.44	17
富克斯（Fuchs）和富克斯（Fuchs），1985[b]	长期和短期目标	96	0.64	24
塔布斯，1986[c]	目标难度 目标具体性 目标制定和反馈 参与目标制定	56 48 3 17	0.82 0.50 0.56 0.002	29 19 21 0
门特（Mento）、斯蒂尔（Steel）和凯伦（Karren），1987[b]	目标难度	118	0.58	22
伍德（Wood）、门特和洛克，1987[b]	目标难度 目标具体性	72 53	0.58 0.43	22 17
洛克和莱塞姆，1990[c, d]	目标难度 目标具体性	未报告	0.52—0.82 0.42—0.80	20—29 16—29
赖特（Wright），1990[b]	目标难度	70	0.55	21
利普西（Lipsey）和威尔逊（Wilson），1993	目标或目的制定的一般效应	204	0.55	21
克卢格（Kluger）和德尼斯（DeNisi），1996	目标难度	37	0.51	19
厄特曼（Utman），1997	掌握目标和成绩目标	43	0.53	20

（续表）

综合性研究	重点	效应量数目	平均效应量	百分位增益
多诺万（Donovan）和雷多思维维基（Radosvevich），1998[b]	目标承诺	21	0.36	14
克莱因（Klein）、韦森（Wesson）、霍伦贝克（Hollenbeck）和阿尔吉（Alge），1999[b]	目标承诺	83	0.47	18
哈蒂（Hattie），1999[e]	目标和回馈	121	0.46	18
沃尔伯格（Walberg），1999	目标和目的制定的一般效果	21	0.40	16
伯恩斯（Burns），2004[b]	挑战度	45	0.82	29
格尔威策（Gollwitzer）和希兰（Sheeran），2006[b]	目标意图与成就	94	0.72	26
格雷厄姆（Graham）和佩林（Perin），2007	目标具体性	5	0.70	26

[a] 由于报告方式不同，这里列出了两个效应量。读者应查阅此项研究获取更多细节。

[b] 正如哈蒂（2009）文中报告的内容。

[c] 塔布斯（1986）和洛克与莱塞姆（1990）报告的结果均在组织和教育背景下。

[d] 正如洛克与莱塞姆（2002）报告的内容。

[e] 正如哈蒂和廷珀利（Timperley）（2007）报告的内容。

学习目标的维度

根据表1.1中的研究，我们可以得出学习目标的重要特征就是目标具体性和目标难度。目标具体性指的是定义目标时，结果的清晰和明确程度。目标难度指目标给学生带来的挑战程度。

目标具体性

学习目标向学生、教师、管理者和大众提出了共同的要求。正如前文讨论的，这些要求涵盖了从非常具体（例如，“学生能够列出五大湖”）到非常宽泛（“学生能够完成结构完整的作文”）等各层级。这项研究强有力地说明了目标越具体，效果越好。也就是说，与不具体的目标相比，具体的目标与学生成绩的关系会更紧密。例如，马克·塔布斯（Mark Tubbs）在对48个大多在组织框架下进行的研究作元分析时，对目标的具体性进行了研究。他发现目标具体性的总效应量为0.50，这支持了目标越具体，成绩越高这一说法（见表1.1）。

有的读者可能对元分析和效应量比较熟悉，但其他读者可能并不熟悉。（本书附录B会对这类术语和它们之间的关系进行深度剖析。）简言之，元分析是对与同一话题相关的系列研究进行量化合成的研究方法。塔布斯用此方法对与目的具体性相关的48项研究结论进行合成。通常，元分析研究用效应量来报告其结论（见表1.1中效应量一列）。效应量告诉你使用某一策略（在本案例中，指非常具体的目标）的学生比没有使用这一策略（在本案例中，指不具体的目标）的学生平均分标准差大（或小）多少。

简言之，效应量告诉了你这一策略的优势；效应量越大，这一策略就越能促进学生的学习。效应量一般是小数。实际上，多数课堂策略的平均效应量是0.4。但是，小效应量可以转化为较大的百分位增益。例如，效应量为0.4的策略可以转化为16个百分位增益。这意味着在班里没有用此策略，得分为第50个百分位的学生，会在引入此策略后升至第66个百分位。（见附录B，它详细绘制了效应量和将效应量转化为百分位增益的表格。）

效应量更实用的方面之一是在所研究的策略下，它们可以转化为预期百分位增益（或折耗）。因此，从所得结论的表面价值来看，人们可以推断出有具体学习目标的学生会在学习目标较宽泛的学生中处于第69个百分位。另一种表述方式是在班里使用非具体目标且处于第50个百分位的学生（该组的普通学生）如果有了非常具体的学习目标，会升至第69个百分位。简言之，目标具体性是人们尝试提高学生成绩时，应考虑的重要要素。

在洛克和莱塞姆1990年对组织研究的元分析中，他们发现对于具体目标而言，效应量处在0.42至0.80之间不等（可转化为16—29百分位增益）。他们认为与宽泛的目标相比，具体的目标可以提供更为具体的成绩指导。缺乏具体的指导会导致学生和劳动者思想不够明确，无法将想法转化为具体的预期行为。具体的目标可为行为提供清晰的指导，并指明预期表现，因此它们可以成为激励因素。

近来，史蒂夫·格雷厄姆（Steve Graham）和多洛雷斯·佩林（Dolores Perin）对写作成绩进行了元分析。他们发现了与目标具体性相关的5项研究。这些研究中使用的目标具体性例证包括清晰的写作任务目标和预期成果的说明。他们发现目标具体性的平均效应量为0.70，而这可以转化为26个百分位增益。因此，格雷厄姆和佩林得出结论称“设定成果目标会对写作质量造成很大影响”，但同时提醒虽然他们的结论基于高质量的研究，但他们的发现是从5项研究中得出的，所以对这一发现的解读应该审慎。

目标难度

由于学生现有的知识储备、对于取得成果的认知以及他们对自身能力的理解不同，他们对学习目标难度的认知会有所不同。研究表明，学生会被他们认为困难但不太难的目标所激励。例如，塔布斯发现对于简单目标而言，困难目标的平均效应量为0.82（转化为29个百分位增益）。洛克和莱塞姆的元分析发现困难目标的效应量为0.52—0.82（20—29个百分位增益），并提出“只有当到达能力极限，或对极其困难的目标的承诺失效时，表现才会趋向平稳或降低”。目标难度还可以缓和或改变反馈对于学生成绩的影响。例如，阿夫拉姆·克卢格（Avraham Kluger）和安杰洛·德尼斯（Angelo DeNisi）发现，当学习目标难度适宜时（有挑战性，但并不是特别难），反馈作为教学策略会更有效。

学习目标的类型

除了具体性和难度，学习目标的种类会因目的和功能的不同而有所区别。强调内容掌握程度的学习目标称为掌握目标。与规定具体分数要求的目标（又叫成绩目标）相比，这类目标可能有利于学习的提高。需要学生参与合作任务的非认知目标可能有自己独特的效果。

掌握目标与成绩目标

与学习目标相关的一大区别与它们的总目标相关，即掌握目标或成绩目标。第一种——掌握目标以发展能力为重点——第二种，成绩目标以获得具体分数或等级证明能力为重点。

掌握目标和成绩目标的区别并不明显，但意义却很深远。成绩目标一般都涉及一个预期的分数或等级。例如，以下内容会被认定为成绩目标：

学生要在评分阶段结束之前获得B或以上等级。

所有学生要在本学年结束前被认定为熟练或以上级别。

正如以上例子所述，成绩目标并不像描述具体成绩或等级那样，描述学习内容。而就定义而言，掌握目标则表明要学习的内容。例如，以下内容为掌握目标：

学生要能够使用分词和音节等方法，理解不认识的单词。

学生要能够分辨前五个序数词。

虽然每种目标都可能与学生成绩提升有关，但研究说明与成绩目标相比，特别是对于更具挑战性的内容而言，掌握目标一般与较高层次的学习和成绩的保持有关。例如，在克里斯托弗·厄特曼（Christopher Utman）的元分析中，他发现对于完成复杂任务的学生，与成绩目标相比，掌握目标的平均效应量为0.53（20个百分位增益）。朱迪斯·米斯（Judith Meece）的研究揭示了与以成绩为导向的课堂相比，在课上使用掌握目标的教师可以促进更有意义的学习，提供更适合发展的教学内容，并更支持学生发展其自主性。

非认知目标

在过去几十年里，关于目标的多数研究都聚焦于学术目标，有时又称为认知目标。但是，近几年，对教育中非认知目标的关注逐年增强。例如，2005年版的《教育评估》（*Education Assessment*）就曾聚焦于非认知目标。在前言中，编辑贾马尔·阿贝迪（Jamal Abedi）和哈罗德·F. 奥尼尔（Harold F. O'Neil）强调“情感（感觉）和心理活动（行为）等问题会影响认知表现，并且本身就很值得研究”。而其他内容则聚焦于教育动机和情感等非认知目标的作用。

约瑟夫·德拉克（Joseph Durlak）和罗格·韦斯伯格（Roger Weissberg）对课后项目对学生的个人和社交技能等非认知目标的影响进行了调查。他们将分析局限于使用“基于证据的”教学策略的项目，并将其定义为“有序”和“主动”。与有序相对，德拉克和韦斯伯格指出：

> 新技能不能很快习得。新行为的养成需要时间和精力，更复杂的技能必须分解成更小的步骤并依次掌握。因此，我们需要设立一系列活动，连接上述学习步骤，并向年轻人提供连接上述步骤的机会。一般情况下，我们可以通过教案或程序手册实现此效果，特别是在程序使用或调整已设立的标准的情况下。

有关主动的学习形式，他们强调：

> 主动的学习形式要求年轻人根据材料行动。也就是说，在年轻人得到一些基本的指导后，他们应该有机会实践新行为，并得到有关他们表现的反馈。这一点可以通过角色扮演和其他种类的行为演练策略实现，这一练习和反馈的循环会一直持续到知识被掌握。这种实践性的学习方式要比完全说教式的教学

方式更受人青睐，因为说教式的教学方式并不能转化为行为上的转变。

在审视了符合使用基于证据的策略这一标准的10项研究后，他们总结称，课后项目减少了问题行为，并对学生的成绩和积极的自我概念有显著贡献。

德拉克和韦斯伯格的研究很有价值，因为它证明了非认知目标可以成为切实可行的教学重点。研究很有价值的原因是它支持了非认知目标和成绩的关系。他们的元分析发现有效的课后项目对参与的学生的学习成绩产生了积极影响，其效应量为0.31，这相当于12个百分位增益。

杰夫·瓦伦丁（Jeff Valentine）、大卫·杜波依斯（David DuBois）和哈里斯·库珀（Harris Cooper）展开了元分析，这让人们了解到了非认知目标的重要性。他们审视了自我信念对学生成绩的影响。他们对在初始时刻衡量学生学习成绩，晚些时候再次衡量这一指标的研究结果进行整合。他们发现学生积极的自我信念对学生之后的成绩会产生微小但重要的影响（60项研究中效应量为0.16）。瓦伦丁等提到针对学生自我信念的非认知目标在调整适应所教授内容时是最有效的。例如，与数学信念相关的非认知目标，和与一般学习信念相关的非认知目标相比，对数学成绩的影响更大。

合作学习和非认知目标

当考虑非认知目标时，我们必须要将合作学习当作必要的教学组成部分。合作学习有自己独立的研究体系。卡里·罗塞斯（Cary Roseth）、大卫·约翰逊（David Johnson）和罗格·约翰逊（Roger Johnson）使用了基于社会互赖理论的模式，以调查合作目标结构和学习成绩及青年学生朋辈关系之间的关系，更新并阐释他们的早期元分析。他们认为合作目标结构的特征为“积极互赖”。这意味着合作学习涉及相互关联的积极结果、互利的行动和资源的共享。罗塞斯、大卫·约翰逊和罗格·约翰逊发现，与竞争性、独立性的目标结构（平均效应量分别是0.57和0.65）相比，涉及积极互赖的合作目标结构与成绩的关系更大。他们的结论为：

> 就意义来讲，这一研究说明青少年学生的教师越早以协作方式构建学生们的学习目标（与竞争性或独立性相对），越多学生就会获得更积极的朋辈关系，学生关系就会更积极，更优秀的成绩就会与更积极的朋辈关系相关。

从表面来看，虽然针对的目标类型不同（认知或非认知），但我们很容易将此研究总结为合作性目标结构优于其他形式的目标结构。可参看大卫·约翰逊、杰弗里·马鲁亚马（Geoffrey Maruyama）、罗格·约翰逊、迪博拉·尼尔森（Deborah Nelson）和琳达·斯克恩（Linda Skon）在表1.2中关于合作学习与学生个人竞争（合作学习较高，效应量为0.78）、合作学习与学生个人任务（合作学习较高，效应量为0.78）的醒目结果。但是，合作学习的具体实践更倾向于关注非认知目标。这一点在描述教师可以在课堂实施合作学习的文献中得到了证明，比如《课堂合作》（*Cooperation in the Classroom*）和《共同学习和独立学习：合作、竞争和独立学习》（*Learning Together and Alone: Cooperative, Competitive, and Individualistic Learning*）。在《共同学习和独立学习》中，罗格·约翰逊和大卫·约翰逊做出了如下定义：

> 学习目标是在所研究领域想要达到的，可以证明能力和知识掌握水平的未来状态。目标结构规定了学生之间、学生和教师之间互动以达到上述目标的方式。学生们可以相互促进或阻碍对方的成功。学生们还可以避免互动，因此对于他人的成败并不产生影响。只要人们想要达到目标，他们就会参与到合作、竞争或个人的行动中。

这厘清了合作目标结构中可能会造成误解的情况。合作目标并没有替代个人目标，而是用于帮助学生完成学习目标。学生个人仍要负责完成学习目标，但这些学生不用独立或在竞争中完成这些目标。此外，合作结构在聚焦非认知目标时非常有用，因为合作学习技能通常是许多非认知目标的目标。

玛丽卡·金斯伯格–布洛克（Marika Ginsburg-Block）、辛西娅·罗尔贝克（Cynthia Rohrbeck）和约翰·范图佐（John Fantuzzo）提供了有关合作目标结构有利于加强非认知目标的另一视角。他们对同伴协助学习对小学学生的社交技能、自我概念和行为的影响进行了元分析。他们发现非认知目标中的社交技能、自我概念和行为的效应量分别为0.52、0.40和0.65（相当于20、16和24个百分位增益）。表1.2中列出了与合作学习相关的大部分研究。

表1.2 合作学习的研究结果

综合性研究	重点	效应量数目	平均效应量	百分位增益
约翰逊、马鲁亚马、约翰逊、尼尔森和斯克恩，1981	合作学习（一般）	122	0.73	27
	合作与组间竞争	9	0.00	0
	合作与个人竞争	70	0.78	28
	合作与学生个人任务	104	0.78	28
霍尔（Hall），1989	合作学习（一般）	37	0.30	12
利普西和威尔逊，1993	合作学习（一般）	414	0.63	24
沃尔伯格，1999	合作学习（一般）	182	0.78	28
鲍恩（Bowen），2000	合作学习（一般），高中和大学化学	30	0.37	14
哈斯（Haas），2005	合作学习（一般）	3	0.34	13
金斯伯格-布洛克、罗尔贝克和范图佐，2006	社交技能上的同伴协助学习	30	0.52	20
	自我概念上的同伴协助学习	15	0.40	16
	行为上的同伴协助学习	12	0.65	24
德拉克和韦斯伯格，2007	课后项目	10	0.31	12
罗塞斯、约翰逊和约翰逊，2008	合作与竞争目标	13	0.57	22
	合作与个人目标	40	0.65	24

沟通目标和提供反馈

如果目标规定了清晰的学习目的，那么反馈还可以有助于人们达到上述目的。研究人员约翰·哈蒂（John Hattie）和海伦·廷珀利（Helen Timperley）主张在教育背景中，“反馈的主要目的是减少现有理解、表现和目标之间的差异”。他们全面的回顾综合了有关反馈有力地提高学生成绩的研究。哈蒂和廷珀利提到在反馈元分析中包含的众多个体发现是负面的（证实反馈有时会阻碍表现），他们区分了关于任务、过程、自我管理和自身的反馈影响。与任务、过程和自我管理相关的反馈通常是有效的，而与自身相关的反馈（通常以表扬的形式呈现）通常不会有助于学习和成绩。他们总结称：

> 学生们可以通过共享有挑战性的学习目标，采用自我评估和评价策略，制定错误检查程序，提高自我效能以解决更具挑战性的任务，并掌握和了解课程，从而提高学习水平。

表1.3展示了与多个元分析研究反馈相关的发现。基于本表中汇总的发现，我们可以得出以下结论：反馈应该是任何教师所有教学策略的必要部分。在“课堂策略”丛书中，我们在《设计有效的教学评价与评分系统》[①]一书中强调了有关反馈的研究。我们在这里谈到与反馈相关的研究是因为它与各个目标都有共生关系。没有有效的目标，就没有反馈。没有反馈，目标就是不能实现的。

① 本书中文简体版已由中国青年出版社2024年4月出版。

表1.3　反馈的研究结果

综合性研究	重点	效应量数目	平均效应量	百分位增益
布卢姆（Bloom），1976	反馈的一般效果	8	1.47	43
莱萨考斯基（Lysakowski）和沃尔伯格（Walberg），1981[a]	反馈的一般效果	39	1.15	37
莱萨考斯基和沃尔伯格，1982	反馈的一般效果	94	0.97	33
伊妮（Yeany）和米勒（Miller），1983[a]	科学课的诊断性反馈	49	0.52	20
莫恩（Moin），1986[a]	反馈的一般效果		0.29	11
哈勒（Haller）、蔡尔德（Child）和沃尔伯格，1998[b]	反馈的一般效果	115	0.71	26
特南鲍姆（Tenenbaum）和戈德林（Goldring），1989	反馈的一般效果	16	0.66	25
班格特-德朗斯（Bangert-Drowns）、库利克（Kulik）、库利克和摩根（Morgan），1991	反馈的一般效果	58	0.26	10

（续表）

综合性研究	重点	效应量数目	平均效应量	百分位增益
库玛（Kumar），1991[c]	反馈的一般效果	5	1.35	41
阿兹维多（Azevedo）和伯纳德（Bernard），1995	机辅教学的直接反馈	22	0.80	29
克卢格和德尼斯，1996[a]	反馈干涉的效果	607	0.41	16
沃尔伯格，1999	反馈的一般效果	20	0.94	33
哈蒂，1999[a]	反馈的一般效果	74	0.95	33
哈斯，2005	反馈的一般效果	19	0.55	21

[a]见哈蒂和廷珀利在2007年的报告。
[b]反馈根植于一般性元认知策略。
[c]因变量是参与度。

教师可以从这项研究中得到什么呢？当然，一个普遍的认知是制定清晰、具体而又难度适当的学习目标能够极大地提高学生的成绩。

将研究转化为课堂实践

在接下来的章节，我们会将本章展示的研究转化为关于设计学习目标和任务，以明确目标成果的多项建议。正如在前言中提到的，在阅读各章节时，你会看到检验你所学内容的练习。部分练习要求你回答具体问题。你可以在空白处写下答案，而后与书后的参考答案核对。其他练习的答案更具开放性，通常会要求你应用所学内容。每一章都有配套的练习，你可以选择一边阅读一边思考，也可以选择在阅读完整章后集中练习，练习答案汇总在附录C，供你参考。

第2章

制定具体的学习目标和任务

在第1章，我们明白了目标的具体性是设计有效目标的重要方面。一般来说，与一般目标相比，具体目标对学生成绩的影响更大。目标的具体性要从区分学习目标和课堂活动及支持这些目标的任务开始。换言之，目标、活动和任务之间经常混淆。例如，请看以下清单，它列出了你可以在部分教师教案的学习目标部分找到的内容。

1. **学生应成功完成第3章后的练习。**
2. **学生应创造代表食品金字塔的暗喻。**
3. **学生应能够保证简单句、复合句和完整句的主谓一致。**
4. **学生应了解寓言、童话和荒诞故事的显著特征。**
5. **学生应调查由机翼引发的气流和升力之间的关系。**

以上5条中，1、2和5是活动或任务。顾名思义，活动和任务指要求学生完成的事情。它们是有效教学的重要组成部分，但是它们本身不是目的。它们是达到目的或学习目标所用的手段。

与之相反的，第3条和第4条是学习目标。学习目标陈述了学生应该了解或能够完成的事项。注意，第3条和第4条分别以“学生应能够”和“学生应了解”开头。活动和任务的表述则没有使用类似的结构。为了进一步说明，表2.1第2列列出了科学、语言艺术、数学和社会研究学科的学习目标，而第3列则列出了相关活动或任务。

通常，学生通过教师的指导和帮助完成活动和任务。上述行为是有重叠部分的。但是，表2.1中的数学学科例子更倾向于任务；而科学、语言艺术和社会研究学科的例子则更倾向于活动。练习2.1提供了区分学习目标和活动及任务的练习（见各章练习副本和附录A的答案）。

表2.1 学习目标与活动/任务

学科	学习目标	活动/任务
科学	学生应了解： ● 太阳是太阳系中最大的天体。 ● 月亮和地球围绕各自的轴线自转。 ● 月亮围绕地球转，地球围绕太阳转。	学生要收看讲述地球和月亮及太阳系其他天体位置关系的视频。
语言艺术	学生应能够： ● 念出不属于视觉词汇，但知道的单词。	学生要观察教师，模仿发音和拼读策略。
数学	学生应能够： ● 解含一个变量的方程式。	学生要以小组合作的形式练习解方程式10个。
社会研究	学生应了解： ● 物物交换制度的明确特点。	学生要描述如果美国没有用货币制度，而使用物物交换制度，可能会是什么样子。

练习2.1 学习目标与活动/任务

下文是来自不同学科的陈述。其中一些是比较清楚的学习目标，而另一部分则是活动或任务。请在每句话后面的横线处，说明其属于学习目标还是活动或任务。

1. 学生应能够在文学作品中找到主人公、主题和观点。

____

2. 学生要自选图书撰写读书报告，其中应包括目录，注明页码，格式恰当。

____

（接上页）

3. 学生应能够根据一组坐标，画出特定斜率的直线。

____

4. 学生要对比、描述两条线的斜率。

____

5. 学生要了解变质岩、岩浆岩和沉积岩的异同。

____

6. 学生要了解波吉亚家族是如何影响文艺复兴的。

____

7. 学生应能够解释法印战争引发的问题是如何导致美国独立战争的。

____

8. 学生要创作一部戏剧，将法印战争引发的问题及它们导致美国独立战争的过程改编为剧本。

____

9. 学生要了解物质是由原子组成的，而原子是由亚原子组成的。

____

10. 学生要写论说文描述原子和亚原子间的关系。

____

两种目标下的思考

当初次学习如何制定具体目标时，我们建议你用以下两种格式之一进行陈述：

学生应能够______________________________________。

学生应了解______________________________________。

采用这两种格式的原因是内容类知识可被分为两种宽泛的类别：陈述性知识和程序性知识。第3章将会深度阐释这两类知识。简言之，陈述性知识是信息型的，程序性知识包括技能、策略和程序。在表2.1中，科学和社会研究学科的学习目标是陈述性或信息型的。因此，学习目标用“学生应了解”这种格式。而数学和语言艺术学科的目标则是程序性或策略型的。因此，学习目标用“学生应能够”。有时，学习目标既包括陈述性知识，也包括程序性知识。在这类例子中，一个实用的格式是：

学生应了解________________并能够________________。

为了说明这一点，下文叙述了与数感这一话题有关的三年级学习目标，它既包括陈述性知识，也包括程序性知识：

学生应了解整数、小数和分数的明确特征，应能够在同等形式间转换，并能够表述100以内的整数的因数和倍数。

陈述性知识和程序性知识的区别很重要，并应在设计学习目标时时刻注意。有时，辨别陈述性知识和程序性知识非常简单。例如，考虑一下计算三角形面积这一目标。这基本上属于程序性知识，因为它涉及学生必须要执行的一系列步骤：他们必须先将底乘以高，然后再除以2。同样地，还可以考虑了解国家首都这一目标。这很明显是陈述性知识，因为它涉及了信息型知识。但是，现在再考虑一个涉及小数的目标。依据教师的方法，重点可以是程序性或陈述性的。如果教学重点是了解小数的重要特点（例如小数点右边的数位的值），那么目标在本质上就是陈述性的。但是，如果重点在转换小数和分数上，那么目标在本质上就是程序性的。练习2.2提供了确定陈述性知识与程序性知识的部分练习。

练习2.2 陈述性知识与程序性知识

下文是有关学习内容的10项陈述。请决定每项陈述是陈述性的还是程序性的，或两者都是。请解释原因。

1. 绘制曲线图，表示数据　　陈述性　程序性　两者都有

____

2. 描述导致冷战的事件　　陈述性　程序性　两者都有

____

3. 确定呼吸率和心率　　陈述性　程序性　两者都有

____

4. 拒绝技巧　　陈述性　程序性　两者都有

____

5. 机会事件的特征　　陈述性　程序性　两者都有

____

6. 键盘技能　　陈述性　程序性　两者都有

____

（接上页）

7. 保持节奏	陈述性	程序性	两者都有
8. 季节和地球倾斜的关系	陈述性	程序性	两者都有
9. 调查报告取样技巧	陈述性	程序性	两者都有
10. 四舍五入取整法	陈述性	程序性	两者都有

最后我再说一下“学生应了解”和“学生应能够”的使用。有的教育者反对在陈述目标时使用“了解”一词，认为这不恰当也不具体。这一批评的前半部分是不准确的。“了解”一词在描述陈述性目标时是完全恰当的。而这一批评的后半部分是准确的。不具体的原因是这一动词不能描述学生展示他们所了解的内容的方式。接下来，你会看到我们在描述陈述性目标时，不再使用“了解”一词，而采用描述、解释等具体的词。你还会注意到我们有时还会使用“应能够”来描述陈述性目标：“学生应能够解释细胞膜的明确特征。”一旦教师能够掌握陈述性目标和程序性目标的区别，就可以不再遵守严格的句法规则。但是，在刚开始时，我们还是建议使用以上两种不同的格式来清楚地描述陈述性目标和程序性目标。

练习2.2体现了教师在课堂上经常遇到的问题；他们习得的有关内容知识的陈述都必须要转化为具体学习目标才能用于教学。在研究美国国家标准文件、州课程文件、地区与学校制定的重要学习者成果清单中，这类问题非常普遍。为了解释说明，表2.2列出了在上述文件中出现的典型陈述。

表2.2 在美国国家与地区标准文件和重要学习者成果中的典型陈述

课程和年级	陈述
社会研究（六—八年级）	了解民主的基本概念
语言艺术（三—五年级）	了解并使用多种句型
数学（六—八年级）	了解并应用函数的概念
科学（五—七年级）	了解自然选择的概念
体育（三—五年级）	展示篮球中的防守技巧
艺术（一—三年级）	了解并应用原色和二次色的基本原则
音乐（六—八年级）	即兴创作简单的旋律

表2.2右边一列的陈述为学生应知道或能够做什么提供了指导，但这样还远远不够。有效的学习目标能让学生（和教师）清楚地了解到目标知识。目标知识指可证明达到学习目标的信息和/或技能、策略或过程。

为了将表2.2中的陈述转化为学习目标，教师必须阐释这一陈述中包含的更具体的陈述性知识或程序性知识。例如，对于表2.2中的社会研究学科的陈述："了解民主的基本概念。"这一陈述所包含的意义是学生应了解民主的具体而明确的特征。这一点可用下文的学习目标清楚地阐释：

> 学生应能够解释民主的基本明确特征，具体包括以下内容：
>
> 1. 投票是公民的责任，选出的代表可代其行使权力。
>
> 2. 采用少数服从多数的规则，并同时重视个人权利。
>
> 3. 在地区和地方层面设立政府，这样才能尽可能接近公众。

注意这类陈述需要在目标中使用"应能够"和具体的动词（解释）。

正如前文提到的，一旦你认识到这一学习目标的重点是陈述性知识（在上述例子中，指与民主明确特征有关的信息），这种格式（和其他多种格式）就是恰当的。这一目标的目的是使学生“了解”这类特征。他们用于证明自己已经了解的工具是解释。

现在再考虑表2.2中语言艺术学科的陈述：“了解并使用多种句型。”这一陈述包含的意义是学生应了解不同句型（简单句、复合句和复杂句），并能够在写作时使用这些句型。这类目标应使用如下学习目标：

> 学生应能够造出简单句、复合句和复杂句，并写出包括以上三种句型的作文。

正如社会研究学科和语言艺术学科的例子所展示的，根据陈述设立学习目标包括了解或推断作者对于陈述的意图。换言之，教师必须基于其对某一年级学生在某一内容领域的要求，将陈述转化为具体的学习目标。艺术和科学学科领域都是如此。练习2.3提供了一些练习。

练习2.3　将宽泛的陈述转化为学习目标

以下表达代表了对某一课程领域的信息和技能比较宽泛的表达。请将这些表达转化为对学习目标更为清晰的描述。例如，如果你看到的表达是“写出逻辑清晰的段落”，你可以将其转化为如下目标陈述：“学生应能够写出有清晰过渡句的多个段落。”

这一练习背后的理念是写下学习目标，为师生提供更具体的指导。

（接上页）

1. 语言艺术学科宽泛陈述：有效发言

   目标陈述：

2. 数学学科宽泛陈述：化简分数

   目标陈述：

3. 科学学科宽泛陈述：了解光合作用

   目标陈述：

4. 社会研究学科宽泛陈述：了解当地历史

   目标陈述：

5. 体育学科宽泛陈述：敏捷

   目标陈述：

6. 技术学科宽泛陈述：使用Excel表格

   目标陈述：

7. 世界语言学科宽泛陈述：西班牙语谈话

   目标陈述：

8. 艺术学科宽泛陈述：音乐欣赏

   目标陈述：

9. 语言艺术学科宽泛陈述：阅读理解

   目标陈述：

10. 数学学科宽泛陈述：预估

    目标陈述：

    现在请为你自己的课程写出具体的学习目标：

为学习目标设计任务

在教师已经清晰地表明学习目标后，下一个步骤是设计一项或多项任务，用于确定学生是否已经完成了此具体目标。设计配合学习目标的任务使我们对学生的要求更加具体。为了解释说明，请参考以下学习目标，它要求学生具备数学方面的程序性知识：

学生应能够解决涉及周长的常规问题。

为了确定学生是否已经完成了目标，教师可设计以下任务：

如果地球的直径为12740公里，那么它的周长是多少？请列出你的解题过程。

涉及周长的例子是程序性的。它要求学生采用计算周长的解题过程。现在请参考这一性质上更偏向于陈述性的科学课目标：

学生应能够提供可证实非平衡力定律的例子。

以下任务可用于确定学生是否达到目标：

我们正在研究一项普遍的认知，即无论物体加速还是减速，都有非平衡力作用在上面。请描述3个例子，证实这一认知。

正如我们会在之后的章节中看到的，与学习目标相匹配的合理任务可为课程和评估提供有力的框架。设计合理的学习目标可以让人们更易于设计评估任务，而设计合理的评估任务则有助于实现学习目标。表2.3为学习目标及其相关评估任务提供了进一步的例证。

表2.3 学习目标和评估任务

课程	学习目标	评估任务
语言艺术	学生应能够使用音节划分法拼读单词。	使用规定的格式将每个单词分解成音节，然后再拼读单词。
数学	学生应能够根据周长和高度，计算出圆柱体的体积。	下图中圆柱体周长为42厘米，高为26厘米。请计算该圆柱体体积，并展示你的作业。
社会研究	学生应描述越南战争中的重要事件和它们发生的顺序。	绘制时间线，按顺序标明以下事件：东京湾（北部湾）决议、德浪河谷战役和春节攻势。请简要解释每个事件的意义。
科学	学生应描述恒温动物的关键特征（温度的内部维持）。	从所提供的动物组图来看，请选择一种恒温动物。简要解释动物维持恒温的原因和区别于其他动物的原因。

练习2.4提供了为学习目标设计评估任务的部分练习。

练习2.4 为学习目标设计评估任务

以下是多个课程领域的10项学习目标。请针对每项目标写下一项评估任务样例。

1. **学生应能够运用前缀、后缀和词根拼写单词。**

   ____

2. **学生应解释团队游戏的规定和策略。**

   ____

（接上页）

3. 学生应解释机体行为和环境特征的关系。

____

4. 学生应解释说明食品是如何转化为能量的。

____

5. 学生应能够制作、分离盐和沙等简单混合物。

____

6. 学生应能够分析发言人的展示过程，发现逻辑漏洞。

____

7. 学生应描述《美国宪法》的条款和修订内容。

____

8. 学生应能够在探索美洲的过程中，明确表明历史事件的因果。

____

9. 学生应能够基于观察进行假设或预测。

____

10. 学生应确定说明文的主旨和依据。

____

小　结

本章开始于学习目标和活动及任务的区分。学习目标是终点，活动和任务是到达终点的手段。当设计学习目标时，要记得陈述性知识（信息）和程序性知识（技能、策略和过程）的区别。有时，教师必须将标准文件中的宽泛陈述转化为更具体的目标。在制定清晰的学习目标后，就可以制定有助于确定学生是否已经达到学习目标的一项或多项任务了。

练习2.1

学习目标与活动/任务

下文是来自不同学科的陈述。其中一些是比较清楚的学习目标，而另一部分则是活动或任务。请在每句话后面的横线处，说明其属于学习目标还是活动或任务。

1. 学生应能够在文学作品中找到主人公、主题和观点。

   ____

2. 学生要自选图书撰写读书报告，其中应包括目录，注明页码，格式恰当。

   ____

3. 学生应能够根据一组坐标，画出特定斜率的直线。

   ____

4. 学生要对比、描述两条线的斜率。

   ____

5. 学生要了解变质岩、岩浆岩和沉积岩的异同。

   ____

6. 学生要了解波吉亚家族是如何影响文艺复兴的。

   ____

7. 学生应能够解释法印战争引发的问题是如何导致美国独立战争的。

   ____

8. 学生要创作一部戏剧，将法印战争引发的问题及它们导致美国独立战争的过程改编为剧本。

____

9. 学生要了解物质是由原子组成的，而原子是由亚原子组成的。

____

10. 学生要写论说文描述原子和亚原子间的关系。

____

练习2.2

陈述性知识与程序性知识

下文是有关学术内容的10项陈述。请决定每项陈述是陈述性的还是程序性的，或两者都是。请解释原因。

1. 绘制曲线图，表示数据　　陈述性　程序性　两者都有

____

2. 描述导致冷战的事件　　陈述性　程序性　两者都有

____

3. 确定呼吸率和心率　　陈述性　程序性　两者都有

____

4. 拒绝技巧　　陈述性　程序性　两者都有

____

5. 机会事件的特征　　陈述性　程序性　两者都有

____

6. 键盘技能　　陈述性　程序性　两者都有

____

7. 保持节奏　　陈述性　程序性　两者都有

____

8. 季节和地球倾斜的关系　　陈述性　程序性　两者都有

____

9. 调查报告取样技巧　　陈述性　程序性　两者都有

____

10. 四舍五入取整法　　陈述性　程序性　两者都有

____

练习2.3

将宽泛的陈述转化为学习目标

以下表达代表了对某一课程领域的信息和技能比较宽泛的表达。请将这些表达转化为对学习目标更为清晰的描述。例如，如果你看到的表达是“写出逻辑清晰的段落”，你可以将其转化为如下目标陈述：“学生应能够写出有清晰过渡句的多个段落。”

这一练习背后的理念是写下学习目标，为师生提供更具体的指导。

1. **语言艺术学科宽泛陈述：有效发言**

   目标陈述：

2. **数学学科宽泛陈述：化简分数**

   目标陈述：

3. 科学学科宽泛陈述：了解光合作用

目标陈述：

4. 社会研究学科宽泛陈述：了解当地历史

目标陈述：

5. 体育学科宽泛陈述：敏捷

目标陈述：

6. 技术学科宽泛陈述：使用Excel表格

目标陈述：

7. 世界语言学科宽泛陈述：西班牙语谈话

目标陈述：

8. 艺术学科宽泛陈述：音乐欣赏

目标陈述：

9. 语言艺术学科宽泛陈述：阅读理解

目标陈述：

10. 数学学科宽泛陈述：预估

目标陈述：

现在请为你自己的课程写出具体的学习目标：

练习2.4

为学习目标设计评估任务

以下是多个课程领域的10项学习目标。请针对每项目标写下一项评估任务样例。

1. 学生应能够运用前缀、后缀和词根拼写单词。

____

2. 学生应解释团队游戏的规定和策略。

____

3. 学生应解释机体行为和环境特征的关系。

____

4. 学生应解释说明食品是如何转化为能量的。

____

5. 学生应能够制作、分离盐和沙等简单混合物。

____

6. 学生应能够分析发言人的展示过程，发现逻辑漏洞。

____

7. 学生应描述《美国宪法》的条款和修订内容。

____

8. 学生应能够在探索美洲的过程中，明确表明历史事件的因果。

____

9. 学生应能够基于观察进行假设或预测。

____

10. 学生应确定说明文的主旨和依据。

____

第 3 章

为差异化教学制定不同难度的学习目标

在第1章有关研究和理论的内容中，我们发现目标设定的难度应当恰当，这样才能提高学生的成绩。目标的设定不能太简单，否则学生会感到无聊。目标的设定也不能太难，否则学生会有挫败感。因此，目标必须具有挑战性，但又可以达成。

在班容量为25人以上的课堂上，设定难度恰当的学习目标会给教师造成巨大障碍。假设学生对于所学习内容的理解水平或能力不同，那么教师该如何制定面对所有学生的目标，并同时满足“有挑战性但可达成”这一标准？对此，答案是很明显的。对于某一部分教学的给定主题，可以设定不同难度的目标。

本章在很大程度上提供了差异化教学的框架。卡罗尔·安·汤姆林森（Carol Ann Tomlinson）在《差异化课堂：应对所有学习者的需求》（*The Differentiated Classroom: Responding to the Needs of All Learners*）和《如何在混合能力课堂进行差异化教学》（*How to Differentiate Instruction in Mixed-Ability Classrooms*）等著作中，展示了在课上进行差异化教学，满足学生课上不同需求的重要性。在这类书中，差异化开始于制定不同难度的学习目标。

在本章中，我们要展示设定不同难度目标的框架或分类。这一分类系统在两本相关著作中得到了深度阐释：《教学目标的新分类法》（*The New Taxonomy of Educational Objectives*）和《设计和评估教育目标：新分类法的应用》（*Designing and Assessing Educational Objectives: Applying the New Taxonomy*）。表3.1展示了新分类法中4种难度的学习目标和任务。

在表3.1中，主题是太阳系。针对这一主题，制定了4个难度等级的4个目标。第一难度等级的目标只要求学生识别或回忆关键细节。这是学习目标中最简单的。第二难度等级的目标要求学生解释太阳系的关键特征。这一要求的重点不只在于细节，还在于与太阳系相关的关键和非关键信息的区别。第三难度等级的目标要求学生不仅要了解与太阳系相关的事实性知识，还要能够产出隐性信息——在这种情况下，这类信息包括两大行星之间的异同。第四难度等级的目标超出了太阳系知识的范围，它要求学生追溯太阳系知识的发展。

表3.1中描述的4种等级的学习目标展现了从简单到困难的过程。正如我们在之后章节中会探讨的，这一过程为教师提供了有关教学和评估的多种有力方案。特别是在第4章，我们会深入探讨如何用评价量表或衡量标准组织学习，让学生看到自己在某一主题上取得的进步。表3.2展示了衡量标准的缩减版。

表3.1 科学课多难度等级目标

难度	学习目标	任务
第4级 运用： 调查	学生应能够调查太阳系相关知识的发展进程。	从我们在课上学习的多个有关太阳系的发现中选择其一。调查是如何发现的，以及这一发现是如何改变我们对太阳系的想法的。
第3级 分析： 匹配	学生应能够辨别太阳系不同行星之间的异同。	找到太阳系的两个行星，自行对比它们两个以上的特征。
第2级 理解： 整合	学生应能够解释太阳系哥白尼模型的关键特征。	解释太阳系哥白尼模型中你认为最重要的特征。

（续表）

难度	学习目标	任务
第1级 检索： 识别并回忆	学生应能够识别或回忆有关太阳系的重要知识点。	简要解释以下词汇： ● 行星环 ● 光年 ● 天文单位 确定以下陈述的正误 1.围绕太阳转动的天体路径遵循德国天文学家约翰尼斯·开普勒在17世纪初发现的行星运行规律。 2.在太阳系中有73颗已知卫星。 3.木星是矮行星。 4.“天体”一词不包括地球。 5.水星有15个行星环。 6.月球是地球体积的三分之一。 7.金星是太阳系中最寒冷的行星。 8.天文学家常用天文单位衡量太阳系中的距离。

资料来源：《设计和评估教育目标》，经许可转载

表3.2　不同难度的学习目标的简化量表

4.0分	更复杂的学习目标
3.0分	基本学习目标
2.0分	更简单的学习目标
1.0分	在帮助下，可以成功地部分习得2.0分的内容和3.0分的内容
0.0分	在帮助下，也不能成功

我们在第4章中列出了更为详细的量表（见表4.2）。虽然是简表，但表3.2中的衡量标准规定了3个学习目标。基本学习目标是教师为全班设计的初始目标。它在量表中3.0分的位置上。更复杂的学习目标则在4.0分

的位置上，而更简单的学习目标则在2.0分的位置上。1.0分和0.0分则未规定新目标；它们涉及学生在帮助下的成功表现（或没有表现）。

为了有效使用该量表，我们有必要写下不同难度的目标。这也是新分类法的价值所在。正如表3.1所示，总共有4个难度等级的目标：

- 第4级——运用
- 第3级——分析
- 第2级——理解
- 第1级——检索

检索目标要求识别并回忆基本信息，并能执行一系列程序。表3.1中第1级的学习目标要求学生能够检索知识；他们必须识别或回忆有关太阳系的基础知识。

理解目标要求能够找到知识的关键特征。在这一级别，学生必须能够阐释并表达与知识相关的重要理念和具体细节。表3.1中第2级学习目标要求学生能够解释太阳系的关键特征。

分析目标包括合理的知识拓展。有时，这些目标被称为"更高阶的"目标，因为它们要求学生能够自行推断除直接教授的内容以外的知识。表3.1中第3级目标要求学生能够辨别两个相关行星的异同。当分别研究行星时，这一信息是不明显的；学生在不同行星之间，更容易看出它们的异同。

运用这一目标要求学生在艰巨的任务中能够运用新知识。艰巨的任务为个人运用知识解决现实问题提供了场景。表3.1中第4级目标要求学生参与真实任务：调查与太阳系相关的知识的发展进程。

新分类法的4个等级中，每一级都涉及具体的思维过程。这一点体现在了表3.3中。

表3.3　与新分类法每个等级相关的思维过程

难度等级	思维过程
第4级：运用	决策
	问题解决
	实验
	调查
第3级：分析	匹配
	分类
	分析错误
	归纳
	详述
第2级：理解	整合
	象征
第1级：检索	识别
	回忆
	执行

在本章的剩余部分，我们将详细阐述新分类法中的4个等级，和与每一等级相关的思维过程。

第1级：检索

根据所涉及的知识类型和程序难度不同，知识检索的程序也会不同。为了了解这一区别，我们要记住陈述性知识（信息）和程序性知识（技能、策略和程序）的区别。信息的检索指识别或回忆。识别可以被描述为确定信息是否准确。相比之下，回忆要求学生从长期记忆中提取信息。

例如，要求学生从一组词中选出同义词的目标需要依赖于识别。学生看到同义词，他必须识别它。要求学生产出同义词的目标需要回忆。除了识记“同义词”一词外，学生还必须能够说出恰当的例子。这一特点本身就有一定难度：与识别相比，回忆是更为复杂的思维过程。

虽然信息（陈述性知识）仅可通过识别或回忆习得，但技能、策略和程序（程序性知识）则需要能够实施。实施指执行一系列步骤，某事发生，然后得出某些结果。例如，我们可以考虑一下多位数减法的程序：执行步骤后即可计算出结果。因此，我们说程序性知识是用来执行的，而信息则需要识记。但是，实际上，程序性知识因为包含固有信息，也需要识记。例如，为了计算多位数减法（程序性知识），学生必须知道位值的相关信息。因此，除了执行多位数减法步骤外，还可以要求他们识记此类信息。

识别目标和任务

表3.4体现了识别陈述性知识和程序性知识的目标和任务。

表3.4　识别目标和任务

知识类型	知识概括	目标陈述	任务样例
陈述性知识（信息）	段落相关信息	学生应能够识别结构恰当的段落的相关准确陈述或例证。	以下有关段落的陈述有哪些是正确的（多选）： A.每个段落都只有一个句子。 B.每个段落的首行需要缩进。 C.段落应包含完整的思想。 D.段落应能够收束文章。

（续表）

知识类型	知识概括	目标陈述	任务样例
陈述性知识（信息）	与美国总统相关的信息	学生应能够识别与美国首任和现任总统相关的准确陈述。	以下关于总统的每项陈述是描写美国首任总统还是现任总统的，还是二者都不是： A.他最初被选为副总统。 B.他获得了100%选票。 C.他在任时缔结了《杰伊条约》。 D.他离开得克萨斯州政府，赴任总统。
	统计学相关信息	学生应能够从列表中选出描述性统计数据的例子。	以下哪一选项是描述性统计数据的例子？ A.标准差 B.相关性 C.卡方值 D.回归系数
	细胞相关信息	学生应能够识别有关细胞呼吸的准确陈述。	使用给定词语填空：细胞呼吸指食物______的过程 A.原子氧化 B.分子氧化 C.能量腐烂 D.分子分离
程序性知识（心智和心理运动技能、策略和程序）	通过障碍跑的程序	学生应能够识别障碍跑赛场上的障碍及障碍的顺序。	以下哪一项是障碍跑赛场上障碍的正确顺序？ A.爬绳、爬墙、障碍竿 B.爬墙、障碍竿、交通锥 C.障碍竿、交通锥、爬绳 D.以上均不是
	看地图的程序	学生应能够从在地图上定位城市的步骤中做出选择。	从给定的步骤列表中，选择内容补充空白：在地图上定位城市的第一步是____________，最后一步是____________。

（续表）

知识类型	知识概括	目标陈述	任务样例
程序性知识（心智和心理运动技能、策略和程序）	化简繁分数的程序	学生应能够识别化简繁分数的必要步骤的正确顺序。	以下哪项是化简繁分数步骤的正确顺序？ A.找到最小公倍数，用最小公倍数除以分子和分母，进行化简。 B.找到题目中所有分数的最小公分母，用最小公分母乘以分子和分母，进行化简。 C.分数中分子分母相除，求商的平方，找到最大公倍数，用最大公倍数乘以分子、分母，进行简化。 D.以上皆不是。
	科学实验程序	学生应能够识别科学实验的正确步骤	请按步骤阅读科学实验的例子。其中哪一项是最严谨的？

表3.4第2列列出了对知识的概述。第2章讨论中提到教师在设计学习目标时，必须要考虑知识的概述。第3列则描述了根据知识概述制定的学习目标。最后，第4列列出了每项目标陈述的任务样例。

再次，值得一提的是表3.4第3列中每项学习目标都是以“学生应能够”这一表达开始。要注意这与第2章中的建议相反，即陈述性目标应使用“学生应了解”这一格式，而程序性目标应使用“学生应能够”这一格式。这是因为一旦区分了陈述性知识和程序性知识，在设计新分类法中不同难度的学习目标时，最好使用具体的动词。“学生应能够”这一宽泛的表达可以让教师根据新分类法中的各难度，插入各种动词。

教师在设计识别目标和任务时常使用的动词包括：

- （从列表中）识别
- （从列表中）选择
- （从列表中）确定
- 确定（以下陈述是否正确）

正如表3.4所示，认知目标的任务一般要求学生确定陈述是否正确，或从列表中选择正确的陈述。

回忆目标和任务

与简单认识相比，回忆指产出准确的信息。表3.5列出了陈述性知识和程序性知识的回忆目标和任务的样例。

表3.5　回忆目标和任务

知识类型	知识概括	目标陈述	任务样例
陈述性知识（信息）	软件项目相关信息	学生应能够解释微软Word文档的目的和优势。	解释微软Word创制的原因，及其独特功能。
	颜色相关信息	学生应能够说出原色和二次色。	列出两份清单，一份清单列出原色，一份列出二次色。
	百分比相关信息	学生应能够以比例形式描述百分比。	就比例而言，50%的意思是?
	原子相关信息	学生应能够列出主要亚原子。	列出已经学习过的所有亚原子。
程序性知识（心智和心理运动技能、策略和程序）	加法步骤	学生应能够列出两位数与两位数的加法步骤。	计算黑板上两位数与两位数的和。解释加法的基本步骤。

（续表）

知识类型	知识概括	目标陈述	任务样例
程序性知识（心智和心理运动技能、策略和程序）	进行科学预测的步骤	学生应能够描述对科学实验结果进行合理预测的步骤。	描述实验预测的步骤。
	使用电脑软件新建文档的程序	学生应能够描述新建PPT文档的步骤和方案。	解释你应在新建PPT时遵循的步骤和所做的选择。
	音乐演奏的程序	学生应能够列出演奏某一钢琴曲之前的热身步骤。	使用所提供的曲谱，简要描述在演奏这首钢琴曲之前的热身步骤。

在制定回忆目标和任务时，教师常使用的动词是：

- 举例
- 说出
- 列出
- 标记
- 陈述
- 描述
- 确定人员
- 描述内容
- 确定地点
- 确定时间

正如表3.5最后一列所示，回忆目标的任务通常是以简短的建构式回答形式出现。学生必须说出或列出相应内容。

执行目标和任务

与只是识别或回忆与程序相关的信息不同，执行指完成心智和心理运动程序。我们再次考虑一下多位数减法。教师可为该程序制定识别目标，要求学生明确与多位数减法相关的准确陈述。教师也可制定回忆目标，要求学生描述如何进行多位数减法。然而，以上两个目标实际上都没有要求学生完成多位数减法。这就是执行的范畴，即要求学生展示技能、策略或程序。

人们对于执行目标有许多误解，尤其是针对复杂的心智和心理运动程序。虽然执行在新分类法中属于最低层次的目标（因为这是信息检索的形式），但当涉及复杂的心理或心理运动程序时，这一目标也可以是对学生的最高期望水平。大家来考虑一下写论说文的思维过程。这一过程的实际执行就是一项复杂的技能，要求学生管理许多相互作用的组成部分。这一点也同样适用于打篮球这一心理运动程序。那么，教师应如何针对复杂程序，制定信息检索以外的目标？实际上，答案就是，执行也许是学生完成复杂程序的最高要求。换言之，针对复杂程序，如写论说文和打篮球等，教师可能不会制定超出执行水平的目标。然而，这并不意味着不能为复杂的程序设定不同复杂程度的目标。

区分复杂程序难度级别的方式之一就是将其分解成更小的组成部分。对于部分学生，教师可以只关注某一复杂程序中的一个或两个组成部分。例如，对于不擅长写论说文的学生而言，重点可以放在清楚说明论点，并辅以部分论据。对于水平较低的学生，重点范围会较为狭窄；而对于能力较高的学生，目标会涵盖复杂程序中更多的组成部分。例如，写论说文这一复杂程序的学习目标可能包括树立清晰的论点，连贯叙述具体论据。对于熟练书写论说文的学生来说，目标还可包括每项论据都应是可证实其真实性的信息。

正如写论说文，打篮球也包括多个固有的程序。对于能力较差的学生，重点可以只放在运球上。而对于能力较强的学生，除运球外，目标还可包括在球场跑动并向其他球员传球。随着难度增加，程序还可包括协同比赛涉及的组成部分。罗伯特·J. 马扎诺和马克·海斯特德（Mark Haystead）已经概述了在语言艺术、数学、科学和社会研究方面如何实现课程的螺旋效应。

表3.6描述了执行目标和任务。

表3.6 执行目标和任务

知识类型	知识概括	目标陈述	任务样例
陈述性知识（信息）	无	无	无
程序性知识（心智和心理运动技能、策略和程序）	踢球技能	学生应能够用脚停球和踢球。	当轮到你时，我会传球给你。只用你的脚停球并传回给我。
	合唱程序	学生在合唱时应能够使用正确的节奏。	在小团队中，你应随钢琴伴奏唱出你学过的歌曲。当你演唱时，要特别注意歌曲的节奏。
	照片制作程序	学生应能够制作照片，要特别注意灯光、比例和清晰度。	学校温室是摄像的理想地点，要注意灯光、比例和清晰度的使用。当你拍照时，要特别关注这些元素。
	写短篇故事的程序	学生应能够有意识地运用视角的转变来写短篇故事。	我们已经读过运用视角转变撰写的短篇故事。请把上一个单元你使用单一视角写的故事，改写为用一个以上视角写成的故事。

教师在制定执行目标和任务时常用的动词包括：

- 使用
- 演示
- 展示
- 制作
- 完成
- 起草

执行任务的通用格式通常是简短的构建式回答形式。当涉及身体动作程序时，任务就会包括演示。例如，如果体育课堂的学习目标包括棒球的肩上传球，那么，任务应是实际演示以上步骤。在心理程序方面，任务可能包括选择题，如单选题。例如，如果学习目标与多位数乘法相关，那么下列问题可用于确定学生是否已经达到该学习目标。

下列选项哪个是这一乘法算式的正确答案：341×4782=？

730662

1730662

1630662

630662

总之，可制定的检索目标和任务有3种：识别目标、回忆目标和执行目标。练习3.1提供了识别3种检索目标的练习。

练习3.1　识别不同类别的检索目标

以下是信息检索级别的目标陈述的部分例子。请从每项中选择识别目标、回忆目标或执行目标。请注意不同类别的检索目标之间存在一定程度的灵活性和重叠。

1. 学生应能够从所列各项中识别出光合作用的步骤。

   识别目标　　回忆目标　　执行目标

2. 学生应能够演奏一首曲子。

   识别目标　　回忆目标　　执行目标

3. 学生应能够说出六位世界重要政治领袖的名字。

   识别目标　　回忆目标　　执行目标

4. 学生应能够列出各大洲。

   识别目标　　回忆目标　　执行目标

5. 学生应能够找出有关总统候选人的准确和错误信息。

   识别目标　　回忆目标　　执行目标

6. 学生应能够列出第二次世界大战的主要参战国家。

   识别目标　　回忆目标　　执行目标

7. 学生应能够从所列动物中选出哺乳动物。

   识别目标　　回忆目标　　执行目标

8. 学生应能够找出完整句。

   识别目标　　回忆目标　　执行目标

9. 学生应能够列出专有名词的例子。

   识别目标　　回忆目标　　执行目标

（接上页）

10. 学生应能够进行两位数的加法运算。 识别目标　　回忆目标　　执行目标

第2级：理解

理解目标要求学生展示其理解了整体知识框架（知识的重要和非重要的部分）。有关理解目标，教师可以设计两类目标：整合目标和象征目标。

整合目标和任务

整合包括将知识提炼为关键特征，并把其整合为简洁、概括的形式。整合目标和任务要求学生描述与学习内容相关的重要（与非重要相对）信息。整合目标和任务的例子见表3.7。

教师在制定整合目标和任务时常用的动词有：

- 描述方式或原因
- 描述……的重要部分
- 描述效果
- 描述A与B之间的关系
- 描述途径
- 解释
- 总结

正如表3.7中的样例所示，整合目标的任务通常是简短的建构式回答形式，因为它们通常要求学生描述或解释某事。重要的是，要注意程序性知识的整合目标一般要等到学生可以实际操作后才可完成。例如，表

3.7中的整合目标“学生应能够总结校对的重要元素，并描述其功能”。如果在学生还不懂各项步骤或过程涉及的策略时，让学生完成这一目标就会没有意义。但是，一旦学生可以独立完成整个程序，让他们找到整个过程中的关键部分可以为他们提供信息，帮助他们调整整个程序。

象征目标和任务

象征目标要求学生将他们的理解转化为一些图像式或图画式的表达形式。另外一种说法是象征目标要求学生将他们在整合目标中产出的结果转化为非语言形式。最终，象征目标可以，也常和整合目标组合使用。象征目标和任务的样例列于表3.8中。

教师在制定象征目标和任务时常使用的动词包括：

- 象征
- 描绘
- 表述
- 阐释
- 绘制
- 展示
- 使用模型
- 制作流程图
- 使用表格

表3.7　整合目标和任务

知识类型	知识概括	目标陈述	任务样例
陈述性知识（信息）	关于地球自转和公转的信息	学生应能够解释地球自转和公转与昼夜和四季变化之间的关系。	用地球自转和公转来解释昼夜和四季变化。
	哈莉特·塔布曼相关信息	学生应能够说明哈莉特·塔布曼为何因其对“地下铁路”所做的贡献而闻名。	从哈莉特·塔布曼所做贡献的角度解释“地下铁路”的目的和重大成就。
	圆形和球体之间关系的信息	学生应能够解释圆形面积是如何决定对应球体体积的。	使用所知公式，并进行计算，解释圆形面积和对应球体体积的关系。
	原型主题相关信息	学生应能够讨论多个文本的共同主题，并在主题和原型之间建立联系。	考虑我们刚读的3本书。它们在主题上有何共通之处？这类主题是如何体现我们讨论的原型的？
程序性知识（心智和心理运动技能、策略和程序）	校对程序	学生应能够总结校对的重要元素，并描述其功能。	请阅读段落。你如何校对，并会采取什么顺序？解释步骤顺序很重要的原因。
	制作简单电路的程序	学生应能够描述制作简单电路的步骤。	根据以下材料，描述制作简单电路的步骤。为什么步骤的顺序非常重要？
	选择恰当的研究文献和信息的程序	学生应能够描述他们在写论说文时选择研究文献的步骤。	接下来我们会举办非正式的师生会议，在会上，我们会讨论你们最近写的文章。请准备好谈谈你是如何选择所使用文献的，并解释为什么你采用的每一步都很重要。

（续表）

知识类型	知识概括	目标陈述	任务样例
程序性知识（心智和心理运动技能、策略和程序）	按照运算步骤解决代数问题的程序	学生应能够总结如何应用运算步骤解题。	我们已经按照运算步骤解出了部分算式。请总结程序，然后根据你的总结解题。

表3.8 象征目标和任务

知识类型	知识概括	目标陈述	任务样例
陈述性知识（信息）	太阳系相关信息	学生应能够制作模型，展示太阳系中各行星的位置。	使用所提供的材料，制作太阳系模型。确保使用恰当大小的物体代表各行星。
	有关百分比的信息	学生应能够绘制饼状图，用百分比形式代表整体的各个部分。	绘制饼状图，表示以下陈述：比尔持有45%的彩票，雪莉持有15%，而默尔持有40%。
	与自由市场经济相关的信息	学生应能够绘制流程图描述自由市场经济的组成部分，以及它们的运作方式。	在考虑自由市场经济的最重要组成部分后，制作一份流程图，描述以上组成部分以及它们的运作方式。
	与集中趋势衡量方式相关的信息	学生应能够表述给定数据组的平均值、中位数和众数。	以制作短剧的形式表述给定数据组的平均值、中位数和众数。
程序性知识（心智和心理运动技能、策略和程序）	肩上传球技巧	学生应能够阐释肩上传球的步骤，并解释每一步的重要性。	制作表现肩上传球步骤的翻页书。在每一页，用标题说明每一步的重要性。

（续表）

知识类型	知识概括	目标陈述	任务样例
程序性知识（心智和心理运动技能、策略和程序）	收集简单数据的程序	学生应能够制作流程图，表示简单数据收集的步骤。	制作流程图，表示你在完成学校调查报告时应遵循的程序。
	滑雪时的转弯技巧	学生应能够展示图像，阐释正确的滑雪转弯动作。	在电脑上展示穿着滑雪服的人像。使用你的遥控器，示范正确的滑雪转弯动作。
	创作一幅以表达感情为核心的作品的程序	学生应能够用图表组织一个或多个绘画技巧，这些技巧可以用于在图画中表达情感。	在思考哪项绘画技巧最适于表达情感后，在画布上表现绘画方案。

正如表3.8证实的，象征目标任务要求学生用图片、图像、图表的形式表现内容。

总之，理解目标有两类：整合目标和象征目标。练习3.2提供了识别以上目标的部分练习。

练习3.2　识别不同类别的理解目标

以下是理解级别目标陈述的例子。请确定每项陈述更接近整合目标还是象征目标。请注意不同类别的陈述目标之间存在一定程度的灵活性和重叠。

1. 学生应能够描述生物行为周期的主要组成部分。

   整合目标　象征目标

2. 学生应能够制作流程图，展示系鞋带涉及的步骤。

   整合目标　象征目标

（接上页）

3. 学生应能够描述吃健康食品为身体提供更多能量的关键原因。

   整合目标　象征目标

4. 学生应能够描述马丁·路德·金博士为社会做出的主要贡献。

   整合目标　象征目标

5. 学生应能够总结科学实验的结果。

   整合目标　象征目标

6. 学生应能够用图表展示说明文中重要观点间的过渡。

   整合目标　象征目标

7. 学生应能够用图像展示历史事件的因果顺序。

   整合目标　象征目标

8. 学生应能够复述发言人的发言要点。

   整合目标　象征目标

9. 学生应能够使用教具展示乘法的解题过程。

   整合目标　象征目标

10. 学生应能够描述一个音乐流派的特征。

   整合目标　象征目标

第3级：分析

分析目标要求学生用课上所学以外的知识，推断得出新的认识。教师可设计5种分析目标：匹配目标、分类目标、分析错误目标、归纳目标和详述目标。

匹配目标和任务

匹配包括识别相似点和不同点。表3.9展示了陈述性知识和程序性知识的匹配目标和任务。

表3.9　匹配目标和任务

知识类型	知识概括	目标陈述	任务样例
陈述性知识（信息）	质数相关信息	学生应能够区分质数和非质数。	将以下数字分为两类：质数和非质数。然后解释质数的共同点。3，4，8，9，0，16，15
	文体相关信息	学生应能够区分小说与非小说文体。	解释小说和非小说文体之间的区别。
	气候变化和人类居住环境之间关系的相关信息	学生应能够建立与气候变化和人类居住环境之间关系相关的类比。	考虑地球气候变化和人类居住环境之间的关系。还有哪两项事物拥有相同的关系？请解释一下。
	传染病相关信息	学生应能够根据相似点对疾病进行分类。	将所提供的疾病清单分为两个以上的类别，并解释分类标准。
程序性知识（心智和心理运动技能、策略和程序）	在文本中寻找信息的程序	学生应能够确定与从文本中寻找信息类似的程序。	描述与在文本中寻找信息类似的程序，并解释其相似点。
	整数减法和除法的程序	学生应能够描述减法和除法的相似点和不同点。	描述减法和除法如何相似，如何不同。
	直接测量和预估的过程	学生应能够对比直接测量和预估的过程。	用具体例子描述你直接测量和进行预估的过程之间的相似点和不同点。

（续表）

知识类型	知识概括	目标陈述	任务样例
程序性知识（心智和心理运动技能、策略和程序）	表演某种舞蹈的程序	学生应能够对比两种舞蹈类型。	选择并对比我们学习的两种舞蹈，例如爵士和街舞。请注意舞步和动作的异同。

教师在制定匹配目标和任务时，常使用的动词包括：

- 分类
- 比较和对比
- 区分
- 辨别
- 分辨
- 整理
- 创造类比
- 进行暗喻

关键要注意匹配涉及的不只是两类特定类型知识的例子。例如，正如马扎诺和肯德尔所说的，学生依据相似点将具有历史意义的战争归为两类或多类，以此来证明自己的匹配能力。最后，下文提供了可用于评估匹配目标的任务例证：

我们已经研究了多个具有历史意义的战争。请将这些战争分成两个或两个以上的类别，并解释每类战争的相似性。同时解释不同组别的战争之间的差别：

- 法国大革命

- 美国独立战争
- 百年战争
- 越南战争
- 法印战争
- 美西战争
- 第一次世界大战
- 第二次世界大战
- “沙漠风暴”行动
- 阿富汗战争

匹配可以采用下文这样的类比模式：

解释骨头和骨架之间的关系与单词和句子之间的关系的异同点。

类比格式要求学生能够确定一对因素的关系与另一对因素的关系之间的相似点。在这一案例中，就是骨头和骨架之间的关系与单词和句子之间的关系的相似点。

最后，匹配任务还可以采用下文的暗喻格式：

解释以下暗喻：海伦·凯勒就是她家的弗雷德里克·道格拉斯。

为了完成这一任务，学生必须要在抽象层面确定海伦·凯勒和弗雷德里克·道格拉斯的相似性，因为这两者在具象层面上的相似性很少。这是暗喻的本质——当具象层面上相似点很少或没有相似点时，就要找到抽象层面上的相似点。匹配目标的任务通常也是简短的建构式回答形式。

分类目标和任务

分类的思维过程不只限于将各项目划分到各组或各类。正如前文所述，这类活动常被认为是匹配。而分类还包括找到知识所属的较高级别和较低级别的分类（如果有的话）。也就是说，要求学生根据总统大选的投票趋势将50个州分为3类（民主党、共和党或无党派）的目标应属于分类任务，因为这类目标要求学生找出每个州所属的较高级别的分类。反过来，要求学生将50个州按自己的选择分类的学习目标则属于匹配目标，因为这类目标要求学生根据自己认为的异同点进行分类。表3.10展示了陈述性知识和程序性知识的分类目标和任务的例子。

表3.10 分类目标和任务

知识类型	知识概括	目标陈述	任务样例
陈述性知识（信息）	关于几何形状的信息	学生应能够根据其对几何特征的分类，对一组形状进行分类。	从给定的形状列表里，选出三角形，然后解释三角形的特征。
	关于人体内部器官的信息	学生应能够根据人体器官的功能，对其进行分类。	哪些人体器官是用来清洁我们身体的？请做出解释。
	关于有机化学和无机化学的信息	学生应能够将化合物分为有机和无机两类。	在你面前是一类化合物，有些是包括碳氢键的化合物。请将各类化合物分为有机物和无机物，并做出解释。
	元素周期表相关信息	学生应能够根据稀有性或可燃性对元素周期表中的元素进行分组。	用元素周期表作为指南，列出所有具有金属性质的元素。

（续表）

知识类型	知识概括	目标陈述	任务样例
程序性知识（心智和心理运动技能、策略和程序）	改正拼写错误的程序	学生应能够把拼写检查归类为准备发表书面作品所需的校对和编辑技能之一。	修改拼写属于哪项重要技能？通常还要同时使用哪些技能？
	确保个人安全的程序	学生应能够确定为保证个人安全而制定并遵循的规则。	我们已经学习了在发生火灾或龙卷风时要做什么。这些例子属于什么规则？还有哪些规则属于这类？
	有氧运动的程序	学生应能够根据运动对人体心血管系统的影响，确定各类运动。	菲尔想要一个有助于降低血压、增加肌肉力量的运动计划。同时他不需要消耗太多卡路里。你会推荐哪些运动？为什么？
	使用某类工具收集数据的程序	学生应能够对可用于收集数据的工具和设备进行分类。	当使用显微镜和量筒时，我们需要使用哪类技能？这类技能的其他例子是什么？

在制定分类目标和任务时，教师经常使用的动词包括：

- 分类
- 整理
- 分组
- 确定更宽泛的类别
- 确定各项类别
- 确定不同种类

通常情况下，分类目标的评估任是简短的建构式回答形式。

分析错误目标和任务

涉及分析错误的目标要求学生找到知识的事实性或逻辑错误，或在实践程序性知识的过程中找到程序错误。表3.11描述了陈述性知识和程序性知识中分析错误的目标和任务。

表3.11 分析错误目标和任务

知识类型	知识概括	目标陈述	任务样例
陈述性知识（信息）	有关刻板印象的信息	学生应能够找出刻板印象的问题。	想想发生在你身上或你熟识的人身上的刻板印象。解释这些刻板印象的不准确之处。
	有关语法的信息	学生应能够找出文本中的语法错误。	读一读你面前的10个句子。解释每个句子中的语法错误。
	有关核能使用的信息	学生应找出与核废料使用有关的普遍误解。	阅读所提供的段落。作者对核废料的了解有什么错误？
	关于当前政治问题的细节	学生应能够确定总统辩论中所呈现内容的准确性。	回顾每位候选人在昨晚讨论中提供的信息，确定候选人是否简化了问题，误导了不熟悉该问题细节的人。
程序性知识（心智和心理运动技能、策略和程序）	将表格从电子表格导入Word文档的技能	学生应能够根据对数据导入步骤的理解，找出数据格式的错误。	你已经将表格从电子表格文件导入到了你正在写的文章中，但是表格格式有部分缺失，并且超过了页边距。导致这种错误可能的原因是什么？

（续表）

知识类型	知识概括	目标陈述	任务样例
程序性知识（心智和心理运动技能、策略和程序）	参加团队体育运动的程序	学生应能够诊断出他们在某项体育活动中，在团队合作方面遇到的具体问题。	既然我们已经结束了比赛，那么就让我们坐下来评估一下你们在团队合作方面的表现。你们在传球、鼓励队员和为队员进行阻挡方面遇到了什么问题？
	学生执行自选技能的程序	学生应能够依据对某项体育技能的了解，找出体育运动的错误。	对你想要提高的技能实施过程进行拍摄。慢速回放该视频，找出错误的姿势。
	解决具体问题的方法	学生在解决具体数学问题时，应能够对所犯错误进行评估。	你面前有一个数学问题和不同学生采取的3种解题方法。每个学生所犯的错误是什么？

在制定与分析错误相关的学习目标和任务时，教师常使用的动词包括：

- 找到错误
- 找到问题
- 找到争议
- 找到误解之处
- 评估
- 批评
- 诊断
- 评价
- 编辑

- 修正

错误分析目标的评估项目和任务通常是简短的建构式回答形式。此外，还可以采用结构化的格式。例如，可以参考以下例子：

马蒂比路易斯年长。与路易斯相比，他摄入的脂肪较多，纤维较少。如果马蒂消化食物的时间比路易斯长，以下哪种解释正确？其他解释错在哪？

解释1：马蒂的消化过程更慢，因为他年长，而我们的身体系统会随年龄的增长而运行减缓。

解释2：因为马蒂摄入更多脂肪，较路易斯更重，一个人越重，其消化就越缓慢。

解释3：因为马蒂较路易斯年长，所以他的新陈代谢可能慢于路易斯。新陈代谢较慢，加上更高的脂肪摄入、较少的纤维摄入（脂肪比纤维的消化时间更长），就是二者产生差异的原因。

解释4：路易斯的身体消化食物的时间更长，因为他摄入的纤维更多，而纤维消化的时间要比其他任何食物长。他与马蒂的年龄差距不会造成影响。

解释5：消化时间的差异是与基因相关的。马蒂的身体消化食物更慢是因为他的基因，并非因为他的年龄或他的高脂肪、低纤维的摄入。

以上例子包括陈述性知识（信息）。以下例子则注重找到一组数据的平均数的思维程序。

贝丝正在计算教师给她的一组数据的平均数。如果她做了以下事项，那么请解释她做错的地方：

1. 从小到大排列数据组中的数字。

2. 计算每个数字出现在数据组中的次数。

3. 将数据组中最常出现的数字作为平均数。

归纳目标和任务

归纳目标要求学生从已知或已陈述的信息中得出新的知识和原则。归纳目标要求学生具备归纳思维，也就是说他们必须基于具体信息进行总体概述。表3.12描述了陈述性知识和程序性知识的归纳目标和任务。

表3.12　归纳目标和任务

知识类型	知识概括	目标陈述	任务样例
陈述性知识（信息）	基础实验的结果信息	学生应从一组结果中得出并证实结论。	基于静电实验的结果，你认为引起静电的原因是什么？请做出解释。
	课堂规则的信息	学生应得出并能够解释他们得出的有关破坏课堂规则的后果的结论。	你认为课堂规则的目的是什么？破坏规则的学生应受到什么惩罚？基于本学年迄今为止的情况，你认为教师和其他学生会同意吗？请做出解释。
	合理饮食的信息	鉴于有关合理饮食的一组信息，学生应能够归纳涉及健康饮食的相关信息。	你已经得到了有关合理饮食的信息。关于如何设计一天的饮食，你得出的结论是什么？
	某国政府的相关信息	学生应能够描绘某国政府在1800—2000年间的发展情况，并归纳政府管理是否造福了公众。	在过去的200年间，不同团体或个人曾在某国执政。请考虑1800年和当下该国的生活条件。总体而言，你认为执政者的工作如何？为什么？

（续表）

知识类型	知识概括	目标陈述	任务样例
程序性知识（心智和心理运动技能、策略和程序）	提高身体灵活性的程序	学生应能够设计一套练习来锻炼灵活性，并能够说出设计的理由。	基于我们学到的有关衰老的知识，设计一套练习，尽可能保持身体的灵活度。并解释练习有效的原因。
	创制一个基本图案的程序	鉴于一个基本的图案，学生应能够制定并维护可以适用于扩展它的规则。	你面前的颜色组成了某种图案。你认为什么决定了这一模式背后的规则？下一个颜色是什么？为什么？
	缝制外衣的程序	学生应能够制定与最有效和最无效的针脚类型相关的规则。	在你用精致和粗糙的布料试过课上讲过的每个针脚类型后，你认为哪种类型适用的范围最广？为什么？
	对于使用某种语言的人采用非言语表达方式的程序	学生应能够归纳对某一语言的母语人士的通用手势和意义。	对于法语母语者常见的动作和手势有哪些？请解释你得出以上结论的原因。

教师在制定归纳目标和任务时常用的动词包括：

- 归纳
- 得出什么结论
- 推断出什么
- 进行概述
- 制定原则
- 制定规则
- 描绘……的发展

- 形成结论

归纳目标的评估项目和任务是简短的建构式回答形式。

详述目标和任务

详述目标要求学生对在某一情况下可能发生或必定要发生的事情进行预测，并做出解释。详述目标本身是推理出来的，因为它们要求学生根据规则或原则进行推理，做出预测并进行解释。表3.13描述了陈述性知识和程序性知识的详述目标和任务。

表3.13　详述目标和任务

知识类型	知识概括	目标陈述	任务样例
陈述性知识（信息）	音乐和弦相关信息	学生应能够预测在作曲中，哪些和弦能搭配组合。	你了解和弦后，请解释在作曲中哪些和弦能搭配组合，并解释原因。
	在烹饪中使用调味品的相关信息	学生应能够判断哪些调味品最适合某一菜品。	如果你在准备一道西班牙菜，你认为你不应该使用哪些调味品？为什么？
	环境因素及其对人类影响的相关信息	学生应能够详述适合人类生存的最佳环境因素。	在研究若干气候条件和生存在相应气候条件的人类健康状况后，请创造适合人类居住的理想气候。请描述你在创造理想气候条件时采用的原则。
	条件概率相关信息	学生应能够依据另一事件，对某一事件的可能性进行推断。	如果唐在一个小村镇开了一家印度餐馆，然后失败了。你觉得吉姆的埃塞俄比亚饭店会怎样呢？你形成结论遵循的通用原则是什么？

（续表）

知识类型	知识概括	目标陈述	任务样例
程序性知识（心智和心理运动技能、策略和程序）	打排球的程序	如果对方行为一致，那么学生应能够推断出对方可能使用的策略。	如果发球后，你每次都冲网，你的对手很可能怎么应对？解释你是如何得出这一结论的。
	测量长度、周长和面积的技能	学生应能够根据对周长和面积关系的了解，推断出测量结果，并做出解释。	如果你改变正方形的边长，使其变为面积相同的长方形，它的周长会发生怎样的变化？请做出解释。
	进行实验的思维程序	学生应能够推断出各类实验设计，并做出解释。	如果两项实验中你遵循的是同一步骤，但是在一项实验中你用到了随机分配法，而在另一项实验中没有用到，那么你从随机研究结果中可以得到哪些你从另一项研究中无法得到的信息？请解释。
	撰写论说文的程序	学生应能够推断出论说文的写作过程，并做出解释。	根据你所了解的论说文知识，你认为新手作者应该注意什么？请解释你的答案所遵循的原则或规则。

教师在制定详述目标和任务时常用的动词包括：

- 得出并解释
- 预测
- 判断
- 推断
- 什么会发生

- 形成论点
- 在什么条件下

详述目标和任务通常是简短的建构式回答形式。

总而言之，分析目标有5种：匹配目标、分类目标、分析错误目标、归纳目标和详述目标。练习3.3提供了识别分析目标种类的练习。

练习3.3　识别不同类别的分析目标

以下是分析层次上目标陈述的例子。请确定每个例子的表述更像是匹配目标、分类目标、分析错误目标、归纳目标还是详述目标。请注意不同类别的分析目标之间存在一定程度的灵活性和重叠。

1. **学生应能够将一组句子分为以下类别：简单句、复合句、复杂句。**

   匹配目标　分类目标　分析错误目标　归纳目标　详述目标

2. **学生应能够从一组陈述中得出结论。**

   匹配目标　分类目标　分析错误目标　归纳目标　详述目标

3. **学生应能够比较、对比古典、浪漫和现代音乐类型。**

   匹配目标　分类目标　分析错误目标　归纳目标　详述目标

4. **学生应能够根据沟通原则，规划办公室平面图，并解释其布局。**

   匹配目标　分类目标　分析错误目标　归纳目标　详述目标

5. **学生应描述他们的观察结果与他人的观察结果的异同。**

   匹配目标　分类目标　分析错误目标　归纳目标　详述目标

（接上页）

6. 学生应能够根据用途对统计计算的种类进行划分。

   匹配目标　分类目标　分析错误目标　归纳目标　详述目标

7. 学生应能够找到并修改书面论证中的逻辑错误。

   匹配目标　分类目标　分析错误目标　归纳目标　详述目标

8. 对于提及的能源技术，学生应能够推断出其全球意义。

   匹配目标　分类目标　分析错误目标　归纳目标　详述目标

9. 学生应能够判断哪些颜色最能改善工作空间。

   匹配目标　分类目标　分析错误目标　归纳目标　详述目标

10. 学生应能够找到写作过程中的问题，并进行修改。

   匹配目标　分类目标　分析错误目标　归纳目标　详述目标

第4级：运用

运用这一目标要求学生在特定情境下应用或使用知识。运用的目标有4种：决策目标、问题解决目标、实验目标和调查目标。我们会分节讨论各项目标。

决策目标和任务

决策目标要求学生从一开始貌似一样的备选方案中做出选择。表3.14描述了陈述性知识和程序性知识的决策目标和任务。

表3.14　决策目标和任务

知识类型	知识概括	目标陈述	任务样例
陈述性知识（信息）	有关健康食品的知识	学生应能够确定清单中的哪种食品更为健康。	你获得的清单上的食品包括奶制品。其中最健康的3种食品是什么？请解释你的标准。
	有关安全程序的知识	学生应能够决定哪些安全程序与给定情境相关。	如果一位陌生人接近你，你会停下来、蹲下来、就势翻滚，还是尖叫着朝相反方向奔跑？为什么？你做决定依据的知识是什么？
	有关美国总统办公室的知识	学生应能够从近几届总统中选出和平时代工作最有成效的总统。	前三届总统中，哪位是和平时代最杰出的总统？请解释你的标准。
	有关研究方法的知识	当面前有一系列数据收集手段时，学生应能够选出最适合回答某一研究问题的手段。	如果你想知道你的同龄人对于总统候选人的立场，你会使用哪个数据收集方法？为什么？你使用的标准是什么？
程序性知识（心智和心理运动技能、策略和程序）	计算技能和策略	学生应能够依据熟悉的计算策略，决定哪些策略最适合某一问题类型。	有3个数——78、92和65，请快速心算出总和。至少找到两种计算方式，并做出解释。考虑你的算法的速度和准确度。
	确定未知单词意思的程序	学生应能够选择最佳参考来源，以确定未知单词的意思。	教室里有字典、辞典、地图集和年鉴。如果你想找到某个单词的意思，你会选择哪一种？为什么？

（续表）

知识类型	知识概括	目标陈述	任务样例
程序性知识（心智和心理运动技能、策略和程序）	学习新知识的程序	学生应能够基于对学习策略的了解，决定学习自己所选的新知识的最佳方式。	我们已经研究了多种学习和记忆新知识的方式。其中四种方式有：（1）逐字学习；（2）复述；（3）帮助记忆的词句；（4）扩展练习。选择你想学习的知识，并根据所选内容决定最佳策略。做选择时请至少参照两个标准。
	制作地图的程序	学生应能够从一组备选中，选出哪类地图最能表示相关信息。	如果你想展示不同地形和某地的海拔，哪类地图最适合？请解释原因。

教师在制定决策目标和任务时常用的动词包括：

- 决定
- 从以下备选中选择最佳答案
- 下列内容哪项为最佳
- 什么是最好的方式
- 哪项是最合适的

决策目标的评估任务一般是详细的建构式回答形式。

问题解决目标和任务

问题解决目标要求学生克服困难或局限性达到目标。问题的解决与决策紧密相连，因为后者通常是前者的一部分。但是，决策不包括达成目标会遇到的困难，而问题解决中会涉及。表3.15描述了陈述性知识和程序性知识的问题解决目标和任务。

表3.15　问题解决目标和任务

知识类型	知识概括	目标陈述	任务样例
陈述性知识（信息）	生态系统相关原则	学生应能够基于对食物、温度和环境要求的了解，解决威胁某一濒危物种生存的主要问题。	根据你所了解的某一濒危物种的生存要求等生态系统知识，设计你认为可以为所选物种提供最佳生存机遇的生物育养箱。找出你在创造恰当的生物育养箱的过程中会遇到的重要问题，并找到解决问题的方法。
	绘画维度的相关知识	学生应能够描述让二维绘画看起来有三维效果的方式。	描述你如何在一张二维的纸上画出某人的三维图像。这一任务会带来什么困难？你如何克服这些困难？
	某一替代能源的相关知识	学生应能够基于对可替代能源利用问题和交易等相关知识的了解，提出使用某一替代能源的解决方案。	我们一直在研究太阳能住房在城镇的应用。包括可替代能源在内的所有能源都存在供应不均衡等问题、成本和便利之间的矛盾。请确定太阳能住房的最大成本和收益，并提出对于你能发现的问题或不便利情况的解决方案。
	对制宪会议期间提出的建议进行归纳总结	学生应能够根据对在制宪会议上提出的问题及其解决方法的了解，提出对于与政治代表相关的问题的解决方案。	贫穷的国家可能认为他们在联合国没有足够的话语权。但是对世界贸易和商务造成深远影响的富裕国家很可能认为他们的影响力应该与他们更大的贡献相匹配。那么可以如何改革联合国的架构来解决这两个问题呢？使用你了解到的在制宪会议上提出的观点和达成的共识，来解决这一问题。

（续表）

知识类型	知识概括	目标陈述	任务样例
程序性知识（心智和心理运动技能、策略和程序）	使用地图和指南针的程序	学生应能够使用地图和指南针导航前往某一不熟悉的目的地。	每组学生都要去往室外不同地点找到我藏起来的物品。使用你手中的校园地图和指南针，在下课前找到路。准备好讲述自己是如何克服遇到的困难的。
	写故事的程序	学生应能够采取创新的方式在原创故事中制造并解决冲突。	写一个故事，故事中应描写好人和坏人的某种冲突。解决这一冲突，同时保证结果是任何一方都没有获得绝对的胜利。
	纠正外语发音	学生应能够通过用外语记录外语发音问题，来解决个人的发音问题。	你要用学习的外语来演讲，而演讲稿中个别词的发音你一直有问题。你如何写稿子才能确保你的发音都是正确的？
	描述某一角色的程序	学生应能够通过对用于描述角色的技巧的了解，解决自己的表演问题。	你选择扮演的角色年龄很老，和你现在的年龄差距很大。请描述你会采用什么身体技巧来让观众相信你比你看起来要年长。这一任务会给你带来什么困难？你如何克服它们？

学生在制定问题解决目标和任务时常使用的动词包括：

- 解决
- 你会如何克服
- 修改
- 制定策略
- 找到办法
- 在这些条件下如何达到你的目标

问题解决目标的评估任务一般是详细的建构式回答形式。

实验目标和任务

实验目标要求学生对于某一物理或心理现象进行假设，并进行验证。实验目标的重要特征就是数据是学生刚刚收集的。也就是说，学生必须使用他们已经获得的数据。表3.16描述了陈述性知识和程序性知识的实验目标和任务。

表3.16　实验目标和任务

知识类型	知识概括	目标陈述	任务样例
陈述性知识（信息）	关于某一时事的细节	学生应能够对该社区公众会如何看待某一事件做出预测，并进行验证。	我们一直在探讨在城外修建机场的新方案。你觉得我们社区公众对此方案会有何反应？请对你的预测做出解释，然后通过阅读反馈记录，判断你是否正确。
	性别关系相关知识	学生应能够验证男孩和女孩通常跟同性交朋友这一说法。	写下你对于男孩和女孩休息时跟谁玩的观察结果。看看你和你同桌的观察结果，然后判断男孩和女孩通常跟同性交朋友这一说法的正误。
	某一技术创新的细节	学生应能够提出假设，证明其对新技术对社会可能造成的影响的了解，并验证这一假设。	选择近20年的一项新技术。例如，你可以选择iPod。基于我们讨论的这类变革是如何影响社会的，请对该项技术对人类生活造成何种影响提出假设。然后收集信息，直接验证你的假设。

（续表）

知识类型	知识概括	目标陈述	任务样例
陈述性知识（信息）	艺术设计的原则	学生应能够对设计原则及其对观众的影响做出假设，并进行验证。	选择3种不同的视觉结构，根据我们学习的设计原则，它们都能对观众产生诸如平衡感、焦虑感和节奏感的影响。简单绘制你认为可以代表每一结构的图画，并确定你是否成功地传达了你的想法。例如，对你的同学进行问卷调查，确定每幅图的效果。基于结果判断你是否改善了你的设计。
程序性知识（心智和心理运动技能、策略和程序）	计量时间的技巧和策略	学生应能够对我们进入下个季节时，太阳和地球的关系做出基本预测，并进行验证。	我们已经学习了地球绕太阳公转，以及公转是如何影响四季变化的。当我们进入下个季节时，地球将处在轨道的哪个位置？请解释你的思考过程，并使用教室里的太阳系模型检验你的预测。
	键盘的发展过程	学生应能够对某一情境下某种键盘的实用性提出假设，并验证。	QWERTY键盘的设计是为了减缓打字员的速度，因为早期的机械打字机设计有缺陷，很容易卡住。但电脑键盘不会卡住，因此奥古斯特·德沃夏克（August Dvorak）设计了一种让打字变得更舒服、更快捷的键盘。对比这两种键盘设计，提出并验证对设计实用性的假设。

（续表）

知识类型	知识概括	目标陈述	任务样例
程序性知识（心智和心理运动技能、策略和程序）	个人锻炼技巧	学生应能够对适合个人锻炼的最优条件提出假设，并进行验证。	记录你的锻炼情况。注明锻炼的时间，餐前和餐后多久，食物类型，锻炼的效果及其他你认为有用的信息。3周后，回顾以上数据，并对锻炼的最佳条件提出假设。基于你的假设实施锻炼计划。实施新计划3周后，对比两份记录。
	解决某类数学问题的策略	学生应能够对解决某一计算问题的最佳策略做出预测，并验证其相对有效性。	假设你的预算有限，而你现在正在购物。你没有计算器，所以你必须一边购物一边心算消费的金额。找出至少两种计算方法。你甚至可以借用购物车里的商品来帮助你记录不断变化的消费金额。你会如何验证你的方法的有效性呢？

教师在制定实验目标和任务时常用的动词包括：

- 实验
- 提出并验证
- 验证某一想法
- 如果……会发生什么
- 你如何验证
- 如果……你如何确定
- 如何解释
- 基于实验，可以预测……

实验目标的评估任务一般是详细的建构式回答形式。

调查目标和任务

调查目标要求学生检视过去、现在或未来的情况。调查目标与实验目标的相似点在于调查目标涉及数据的收集和验证。但是，用于调查目标的数据不是学生通过在完成实验目标的过程中直接观察得来的，而是他人做出的论断和意见。调查更像是调查性的报告，而实验更像是纯粹的科学调查。表3.17描述了陈述性知识和程序性知识的调查目标和任务。

表3.17 调查目标和任务

知识类型	知识概括	目标陈述	任务样例
陈述性知识（信息）	营养相关知识	学生应能够调查人类饮食和健康之间的关系。	调查两种流行的饮食习惯（阿特金斯饮食法和区域饮食法）及其对健康的总体影响。
	重力相关知识	学生应能够描述如果地球上没有重力，会发生什么。	调查重力对于人体的影响和在太空中人体发生的变化。如果地球上没有重力，你觉得会发生什么?
	罗马帝国相关知识	学生应能够对罗马帝国兴衰的原因和后果进行分析。	当调查罗马帝国时，尤其要关注促使其兴盛的事件和导致其衰败的主要因素。
	微积分相关知识	学生应能够调查微积分的起源。	谁创造了微积分? 微积分创立伊始满足了什么需求? 哪类数学知识用于创造了微积分? 调查并对比不同的理论。

（续表）

知识类型	知识概括	目标陈述	任务样例
程序性知识（心智和心理运动技能、策略和程序）	某一体育运动的过程和规则	学生应能够调查体育运动规则的变化会造成什么影响。	找出过去十年内对于裁判判罚和比赛进行造成影响的专业篮球规则的变化。规则变化的目的是什么？是否有效？
	制作等高线图的过程	学生应能够调查谁制作了等高线图和等高线图满足了什么需求。	谁制作了第一幅等高线图？它满足了什么需求？自那时起，是否出现了更精密的地图？
	网络数据库的使用	学生应能够调查网络数据库的初始起源。	我们已经使用了多种网络数据库。实际上，网络存在的时间并不长。那么早期的网络数据库是什么样子的？它们发生了什么变化？
	模型建立的程序，以及利用递归关系解决现实世界的问题	学生应能够调查递归关系这一概念的起源。	我们已经研究了利用递归关系，模拟现实世界问题的多种方法。使用网络其他资源，找到这一概念的来源。谁先开始使用“递归关系”一词的？他们想要处理的是哪类现实世界的问题？

教师在制定调查目标和任务时常用的术语包括：

- 调查
- 研究
- 找出
- 表达观点

- 它们的不同特征是什么
- 如何发生
- 为什么发生
- 如果……会发生什么

调查目标的评估任务一般是详细的建构式回答形式。

总之，知识运用的目标有4种：决策目标、问题解决目标、实验目标和调查目标。练习3.4提供了识别不同类别的知识运用目标的练习。

练习3.4　识别不同类别的运用目标

以下是知识运用层次上目标陈述的例子。请确定每个例子的表述更像是决策目标、问题解决目标、实验目标还是调查目标。请注意不同类别的运用目标之间存在一定程度的灵活性和重叠。

1. **学生应能够选出最佳手法来创作聚焦于质感的作品。**

   决策目标　问题解决目标　实验目标　调查目标

2. **学生应能够设计出注重能效的可替代交通方式。**

   决策目标　问题解决目标　实验目标　调查目标

3. **学生应能够讨论如果肯尼迪总统没有被暗杀，越战可能的结果。**

   决策目标　问题解决目标　实验目标　调查目标

4. **学生应能够就如何赢得一场网球比赛提出想法，并进行验证。**

   决策目标　问题解决目标　实验目标　调查目标

（接上页）

5. **学生应能够验证如果周边环境气温发生变化，水会发生什么变化。**

   决策目标　问题解决目标　实验目标　调查目标

6. **学生应能够根据某一标准选择论说文最恰当的格式。**

   决策目标　问题解决目标　实验目标　调查目标

7. **学生应能够研究某一时事问题，并表达自己的立场。**

   决策目标　问题解决目标　实验目标　调查目标

8. **学生应能够确定某类条件下某一结果发生的可能性。**

   决策目标　问题解决目标　实验目标　调查目标

9. **学生应能够制定在规定时间内在全校范围内收集数据的策略。**

   决策目标　问题解决目标　实验目标　调查目标

10. **学生应能够研究并展示一位有影响力的美国领导人的生平。**

    决策目标　问题解决目标　实验目标　调查目标

小　结

制定学习目标时要考虑的关键点之一就是难度。通过制定不同难度的目标，教师可以确保每位学生都受到挑战，但又不会被难倒。这是有效的差异化教学的核心。新分类法中描述的4个级别的认知（检索、理解、分析和运用）使教师可以更容易为每位学生制定相应目标、评估项目和任务。附录C列出了在制定新分类法不同级别的学习目标的评估任务时经常使用的词汇和表达。

练习3.1

识别不同类别的检索目标

以下是信息检索级别的目标陈述的部分例子。请从每项中选择识别目标、回忆目标或执行目标。请注意不同类别的检索目标之间存在一定程度的灵活性和重叠。

1. 学生应能够从所列各项中识别出光合作用的步骤。

   识别目标　　回忆目标　　执行目标

2. 学生应能够演奏一首曲子。

   识别目标　　回忆目标　　执行目标

3. 学生应能够说出六位世界重要政治领袖的名字。

   识别目标　　回忆目标　　执行目标

4. 学生应能够列出各大洲。

   识别目标　　回忆目标　　执行目标

5. 学生应能够找出有关总统候选人的准确和错误信息。

   识别目标　　回忆目标　　执行目标

6. 学生应能够列出第二次世界大战的主要参战国家。

   识别目标　　回忆目标　　执行目标

7. 学生应能够从所列动物中选出哺乳动物。

   识别目标　　回忆目标　　执行目标

8. 学生应能够找出完整句。

   识别目标　　回忆目标　　执行目标

9. 学生应能够列出专有名词的例子。

识别目标　　回忆目标　　执行目标

10. 学生应能够进行两位数的加法运算。

识别目标　　回忆目标　　执行目标

练习3.2

识别不同类别的理解目标

以下是理解级别目标陈述的例子。请确定每项陈述更接近整合目标还是象征目标。请注意不同类别的陈述目标之间存在一定程度的灵活性和重叠。

1. 学生应能够描述生物行为周期的主要组成部分。

整合目标　象征目标

2. 学生应能够制作流程图，展示系鞋带涉及的步骤。

整合目标　象征目标

3. 学生应能够描述吃健康食品为身体提供更多能量的关键原因。

整合目标　象征目标

4. 学生应能够描述马丁·路德·金博士为社会做出的主要贡献。

整合目标　象征目标

5. 学生应能够总结科学实验的结果。

整合目标　象征目标

6. 学生应能够用图表展示说明文中重要观点间的过渡。

整合目标　象征目标

7. 学生应能够用图像展示历史事件的因果顺序。

整合目标　象征目标

8. **学生应能够复述发言人的发言要点。**

整合目标　象征目标

9. **学生应能够使用教具展示乘法的解题过程。**

整合目标　象征目标

10. **学生应能够描述一个音乐流派的特征。**

整合目标　象征目标

练习3.3

识别不同类别的分析目标

以下是分析层次上目标陈述的例子。请确定每个例子的表述更像是匹配目标、分类目标、分析错误目标、归纳目标还是详述目标。请注意不同类别的分析目标之间存在一定程度的灵活性和重叠。

1. **学生应能够将一组句子分为以下类别：简单句、复合句、复杂句。**

匹配目标　分类目标　分析错误目标　归纳目标　详述目标

2. **学生应能够从一组陈述中得出结论。**

匹配目标　分类目标　分析错误目标　归纳目标　详述目标

3. **学生应能够比较、对比古典、浪漫和现代音乐类型。**

匹配目标　分类目标　分析错误目标　归纳目标　详述目标

4. **学生应能够根据沟通原则，规划办公室平面图，并解释其布局。**

匹配目标　分类目标　分析错误目标　归纳目标　详述目标

5. 学生应描述他们的观察结果与他人的观察结果的异同。

   匹配目标　分类目标　分析错误目标　归纳目标　详述目标

6. 学生应能够根据用途对统计计算的种类进行划分。

   匹配目标　分类目标　分析错误目标　归纳目标　详述目标

7. 学生应能够找到并修改书面论证中的逻辑错误。

   匹配目标　分类目标　分析错误目标　归纳目标　详述目标

8. 对于提及的能源技术，学生应能够推断出其全球意义。

   匹配目标　分类目标　分析错误目标　归纳目标　详述目标

9. 学生应能够判断哪些颜色最能改善工作空间。

   匹配目标　分类目标　分析错误目标　归纳目标　详述目标

10. 学生应能够找到写作过程中的问题，并进行修改。

   匹配目标　分类目标　分析错误目标　归纳目标　详述目标

练习3.4

识别不同类别的运用目标

以下是知识运用层次上目标陈述的例子。请确定每个例子的表述更像是决策目标、问题解决目标、实验目标还是调查目标。请注意不同类别的运用目标之间存在一定程度的灵活性和重叠。

1. 学生应能够选出最佳手法来创作聚焦于质感的作品。

   决策目标　问题解决目标　实验目标　调查目标

2. 学生应能够设计出注重能效的可替代交通方式。

   决策目标　问题解决目标　实验目标　调查目标

3. 学生应能够讨论如果肯尼迪总统没有被暗杀，越战可能的结果。

决策目标　问题解决目标　实验目标　调查目标

4. 学生应能够就如何赢得一场网球比赛提出想法，并进行验证。

决策目标　问题解决目标　实验目标　调查目标

5. 学生应能够验证如果周边环境气温发生变化，水会发生什么变化。

决策目标　问题解决目标　实验目标　调查目标

6. 学生应能够根据某一标准选择论说文最恰当的格式。

决策目标　问题解决目标　实验目标　调查目标

7. 学生应能够研究某一时事问题，并表达自己的立场。

决策目标　问题解决目标　实验目标　调查目标

8. 学生应能够确定某类条件下某一结果发生的可能性。

决策目标　问题解决目标　实验目标　调查目标

9. 学生应能够制定在规定时间内在全校范围内收集数据的策略。

决策目标　问题解决目标　实验目标　调查目标

10. 学生应能够研究并展示一位有影响力的美国领导人的生平。

决策目标　问题解决目标　实验目标　调查目标

第4章

按级别组建学习目标

在第3章，我们呈现了教师可以用于设计4种难度的学习目标的框架，即检索、理解、分析和运用。第3章初始部分我们讨论了教师要设计不同难度的目标的原因有两点：（1）为了目标能够成为有效的教学工具，这些目标对于学生而言要具有挑战性，但同时要是可能达到的；（2）鉴于课堂上学生对于某一教学单元的主题的理解程度不同，教师必须要设计不同难度的多个目标，才能满足“有挑战性但又可达到”这一标准。我们还简要介绍了按级别组建目标的概念（见表3.2）。本章描述了如何利用第3章中的框架，按级别或类别组建学习目标。

为班级确定基本目标

制定按级别组建的多重目标的过程开始于为某一教学单元确定目标。正如我们在第2章所看到的，这类目标通常必须从州标准文件、地区标准文件或地区学习者基本成果清单中得出。第2章中同样写道，教师必须注意目标涉及的是陈述性知识还是程序性知识，然后再用恰当的格式撰写目标。例如，高中社会研究课教师可以确定以下这类学习目标：

学生应能够绘制流程图，描述拿破仑的兴衰。

这就是班级所有学生的目标。实际上，教师正在将其设立为所讲授单元知识的习得标准——所有学生应能够绘制流程图，描述拿破仑的兴衰。

下一步就是利用第3章中的新分类法框架确定该目标的难度级别。这一分类还会在表4.1中进行描述。

关键是要记住第1级到第4级代表的是一种等级。但是在新分类法的各级别中，目标的种类并不代表等级（只有一个明显例外）。例如，参考第4级的运用目标。决策并不比解决问题更难，而解决问题也不比实验更难，等等。这4个认知阶段只是代表了学生可能使用知识的不同方式。新分类法各级别的非等级结构适用于除第1级检索以外的所有级别。在检索这一级，执行要比回忆更复杂，而回忆要比识别更复杂。

表4.1 新分类法的4个级别

难度	思维过程
第4级：运用	决策
	问题解决
	实验
	调查
第3级：分析	匹配
	分类
	分析错误
	归纳
	详述
第2级：理解	整合
	象征
第1级：检索	识别
	回忆
	执行

了解了新分类法后，教师就能够确定基本目标的难度。在之前的例子中，基本目标包括象征，这也是理解——新分类法第2级的一部分。教师之后会制定较低层级的一个目标。重要的是要注意制定较低层级的目标并没有硬性规定。较低层级目标的选择要依据哪个的教学意义最大。在这种情况下，教师可以这样确定以下认识目标：

学生应能够确定有关拿破仑兴衰的准确陈述。

在这一级别，教师并不要求学生描述拿破仑兴衰的最重要内容，或用抽象的形式描述此信息；但是，教师确实要求学生识别有关拿破仑生平的准确陈述。这属于检索中的识别部分。教师可以用如下表达描述回忆目标：

学生应能够描述拿破仑一生中的若干重要事件。

这里学生按要求应描述拿破仑一生中的若干重要事件。这当然比只是识别有关拿破仑生平的准确陈述要困难得多。

确定了较低级别的目标，接下来教师要制定如下较高级别的目标：

学生应能够比较和对比拿破仑及其他军事和政治领导人。

在这一级别，学生应区别有关拿破仑的重要和非重要信息，并将该类信息用于将拿破仑及其他军事和政治领导人联系起来。这一学习目标属于第3级（分析）的匹配部分。有关使用新分类法中哪个级别的决定应该从教学出发——哪个学习目标最能满足学生的需求？教师可以采取以下表达制定运用目标：

学生应能够确定拿破仑在决定入侵俄国时可能考虑的方案。

这是新分类法中第4级的决策目标。与之前的分析目标相比，这一目标需要更深层次的理解水平。

以上例子涉及属于新分类法不同级别的目标：检索、理解、分析和运用。请记住情况并不总是这样，特别是当程序性知识是教学重点的时候。比如，请参考以下程序目标：

基本学习目标：学生应能够使用教师提供的格式中的恰当来源撰写论说文。

较简单的目标：学生应能够在高度结构化的作业中使用论说文写作的要素。

较复杂的目标：学生应能够就选定主题选择并使用恰当的论说文格式，并利用多个资料来源来处理论点和任何可能的反驳观点。

学习目标要求执行使用恰当资源和教师确定的格式撰写论说文的程序。这是执行目标。而较简单的目标虽仍包括程序的执行，但这一程序显然没有那么复杂。这时，学生不用执行撰写论说文的整个程序，但是他们应在高度结构化的任务中执行部分程序。而较为复杂的目标虽仍要求学生执行撰写论说文的程序，但是，这一程序要比初始目标程序（初始学习目标）多了一些组成要素。现在，学生必须要通过选择最适合某一论说文的格式、使用多个资料来源及处理可能的反驳论点来证明其超出目标的能力。

与使用新分类法中更复杂的内容相对，就程序性知识而言，对于学生的要求是他们能够完成更复杂的程序。比如，涉及程序性知识的学习目标是：

学生应能够完成两位数和两位数的乘法。

较简单的目标是：

学生应能够完成两位数和一位数的乘法。

较复杂的目标是：

学生应能够完成三位数以上的数字和两位数的乘法。

在这组目标中，底层程序是多位数的乘法。但是，随着等级的变化，乘数和被乘数的位数也在发生变化。

练习4.1提供了根据不同难度对目标排序的部分练习。

练习4.1　根据难度为目标排序

在以下每组学习目标中，都有一个基本目标和难度或复杂程度高于（或难于）、低于（或易于）该基本目标的目标。请用数字1、2、3为它们标号，其中1代表最简单（或难度最低）的目标。

A. 学生应能够讨论对于身体最重要的饮食需求。

学生应能够在给定的清单中找出健康和不健康的食物。

学生应能够讨论如果某一项身体需求不能得到满足，身体会发生什么。（例如，如果身体很长时间没有摄入热量，会发生什么？）

B. 学生应能够基于给定的数学等式设计复杂的应用题。

学生应能够在简单的应用题和数学等式之间相互转换。

学生应能够识别嵌入在应用题中的数学计算过程的准确描述。

C. 学生应能够流畅地衔接简单句、复合句和并列复合句。

学生应能够用主语和谓语写出简单句。

学生应能够独立写出并列复合句。

D. 学生应能够用标准单位进行简单测量。

学生应能够进行标准和非标准度量单位之间的换算。

学生应能够完成标准或非标准度量单位的简单换算。

E. 学生应能够讨论第二次世界大战期间罗斯福外交政策的重要

（接上页）

内容。

学生应能够对第二次世界大战期间罗斯福外交政策进行准确叙述。

学生应能够对比冲突期间历届总统外交政策的得失。

按级别组建学习目标

作为教学目标的清晰的学习目标，再加上一个更复杂的和一个更简单的目标，就可以构成一组不同级别的学习目标。此处我们用到的量表出现在《有效的课堂评估和评分》（*Classroom Assessment and Grading That Work*）和《让标准在课堂上变得更实用》（*Making Standards Useful in the Classroom*）中。这份量表的简化版可在第3章中查找（见表3.2）。完整的量表详见表4.2。

为了更好地理解表4.2中的各个级别，我们先从整数分数开始。为了便于理解，我们先从3.0分的内容开始。这就是基本学习目标。下一个较低的整数分数是2.0。较简单的学习目标应该列在此处。而较高的整数分数则是4.0。较复杂的学习目标应该列在这。

教师制定的这3个学习目标的分值分别是2.0、3.0和4.0。但是这里还有其他两个整数分值：1.0和0.0。这两个分值并不代表新内容，但它们的确代表了不同的能力级别。1.0这一分值表明学生在独立完成任务时，不能展现出与以上任一学习目标相关的能力。但是，在帮助下，学生可以部分达到2.0分值和3.0分值标注的内容（基本学习目标和较简单的目标）。

0.0这一分值则表明即使在帮助下，学生也不能达到3.0分值或2.0分值标注的内容。因此，基本目标、与之相关的更简单的目标和更复杂的目标可以组成一个具有5个整数分值（0.0、1.0、2.0、3.0和4.0）的量表。

接下来，我们来看看带有0.5的分数（0.5、1.5、2.5和3.5）。还是要先从基本目标——3.0分值的内容开始。2.5的分值意味着学生能够成功习得分值为2.0的内容（较简单的学习目标），部分习得分值为3.0的内容（基本目标）。分值为3.5的内容指学生成功习得了分值为3.0的内容（基本目标），部分习得4.0的内容（较复杂的学习目标）。1.5的分值则意味着学生部分习得了分值为2.0的内容（较简单的学习内容）。最后，0.5的分值意味着在帮助下，学生可以部分习得分值为2.0的内容。

表4.2中的通用数值可用于将不同等级的3个目标转换为用于衡量学生进步的量表。例如，我们可以重新考虑以下与拿破仑相关的3个学习目标：

表4.2　不同难度的学习目标的完整量表

4.0	较复杂的学习目标
3.5	除了达到3.0的表现外，部分习得4.0的内容
3.0	基本学习目标
2.5	有关2.0的内容没有重大错误或遗漏，部分习得3.0的内容
2.0	较简单的学习目标
1.5	部分习得2.0的内容，有关3.0的内容有重大错误或遗漏
1.0	在帮助下，部分习得2.0的内容和3.0的内容
0.5	在帮助下，部分习得2.0的内容，但未习得3.0的内容
0.0	即使在帮助下，也未能习得任何内容

较复杂的目标：学生应能够比较和对比拿破仑及其他军事和政治领导人。

基本目标：学生应能够绘制流程图，描述拿破仑的兴衰。

较简单的目标：学生应能够确定有关拿破仑兴衰的准确陈述。

这里有必要强调格式的变化。你会注意到表4.3并非都采用“学生应能够”这一通用句式，你应该自行使用那些最能传达对学生要求的格式。但是，无论你使用哪种格式，你都应该明确地区分陈述性知识和程序性知识。

表4.3 三类学习目标完整量表

八年级拿破仑知识点量表	
4.0	学生： ● 比较和对比拿破仑及其他军事和政治领导人 **有关4.0的内容没有重大错误或遗漏**
3.5	除了达到3.0的表现外，部分习得4.0的内容
3.0	学生： ● 制作流程图描述拿破仑的兴衰（例如，制作带有图示的流程图，描述拿破仑1799年政变、重要的军事成就和最后入侵俄国的情况）。 **有关3.0的内容没有重大错误或遗漏**
2.5	有关2.0的内容没有重大错误或遗漏，部分习得3.0的内容
2.0	学生： ● 回忆有关拿破仑兴衰的准确信息，比如： ○ 他并非出生在法国，也不会法语。 ○ 他第一次掌握重要军事指挥权时领导的是法国在意大利的军队。 ○ 他被囚禁，而后在1815年被流放到圣赫勒拿岛。 **有关2.0的内容没有重大错误或遗漏**

（续表）

1.5	部分习得2.0的内容，有关3.0的内容有重大错误或遗漏
1.0	在帮助下，部分习得2.0的内容和3.0的内容
0.5	在帮助下，部分习得2.0的内容，但未习得3.0的内容
0.0	即使在帮助下，也未能习得任何内容

表4.4描述了二年级科学教师在对动植物单元进行备课时，可能建立的量表。她的基本目标是让学生了解动植物的生存方式。

表4.4　二年级科学课量表

4.0	学生： ● 比较动植物呼吸和寻找养分的不同方式（例如，了解植物利用根和叶吸收空气和食物，而动物利用肺呼吸，利用消化系统获取营养） 有关4.0的内容没有重大错误或遗漏
3.5	除了达到3.0的表现外，部分习得4.0的内容
3.0	学生： ● 讨论动植物生存需要的东西（例如，了解没有生物可以脱离空气、食物和水生存）。 有关3.0的内容没有重大错误或遗漏
2.5	有关2.0的内容没有重大错误或遗漏，部分习得3.0的内容
2.0	学生： ● 识别并回忆具体的术语，比如： ○ 植物 ○ 动物 ○ 生存 ● 回忆有关动植物生存需求的准确知识，例如： ○ 动植物都需要食物、水和空气才能生存。 ○ 植物通过它们的根和叶吸收营养和空气。 ○ 动物使用呼吸系统（肺）呼吸，使用消化系统消化营养物质。 有关2.0的内容没有重大错误或遗漏

（续表）

1.5	部分习得2.0的内容，有关3.0的内容有重大错误或遗漏
1.0	**在帮助下，部分习得2.0的内容和3.0的内容**
0.5	在帮助下，部分习得2.0的内容，但未习得3.0的内容
0.0	**即使在帮助下，也未能习得任何内容**

表4.5描述了高中数学教师可能设计的量表。

表4.5　高中数学课量表

4.0	**学生：** ● 分析线性方程组求解方法中的错误。 **有关4.0的内容没有重大错误或遗漏**
3.5	除了达到3.0的表现外，部分习得4.0的内容
3.0	**学生：** ● 利用矩阵法或代数法求解一个线性方程组。 **有关3.0的内容没有重大错误或遗漏**
2.5	有关2.0的内容没有重大错误或遗漏，部分习得3.0的内容
2.0	**学生：** ● 识别并回忆某些具体术语，比如： ○ 线性方程 ○ 矩阵 ● 回忆有关线性方程的知识以及解题方法，例如： ○ 线性方程组可通过代数法解决。 ○ 线性方程组可通过使用矩阵法解决。 ○ 线性方程组是有相同变量的线性方程的集合。 **有关2.0的内容没有重大错误或遗漏**
1.5	部分习得2.0的内容，有关3.0的内容有重大错误或遗漏
1.0	**在帮助下，部分习得2.0的内容和3.0的内容**
0.5	在帮助下，部分习得2.0的内容，但未习得3.0的内容
0.0	**即使在帮助下，也未能习得任何内容**

练习4.2提供了制定学习目标量表的部分练习。

练习4.2　制定量表

使用以下格式，填写4.0、3.0和2.0内容，针对你最近在课上要达到的目标，制定一份量表。

__________课量表

4.0	学生： ● 有关4.0的内容没有重大错误或遗漏
3.5	除了达到3.0的表现外，部分习得4.0的内容
3.0	学生： ● 有关3.0的内容没有重大错误或遗漏
2.5	有关2.0的内容没有重大错误或遗漏，部分习得3.0的内容
2.0	学生： ● 有关2.0的内容没有重大错误或遗漏
1.5	部分习得2.0的内容，有关3.0的内容有重大错误或遗漏
1.0	在帮助下，部分习得2.0的内容和3.0的内容
0.5	在帮助下，部分习得2.0的内容，但未习得3.0的内容
0.0	即使在帮助下，也未能习得任何内容

考虑非认知目标

基础教育系统中的教师和管理人员一般把学习目标定义为认知性的，因为它们以学习内容为主。但是，正如研究和理论章节叙述的，大家越来越愿意用非认知目标作为上述学习目标的补充。非认知目标通常指不与内容直接相关的行为和/或态度。例如，社交技能和自我认知目标是学习的重要组成部分，而它们显然并不包含任何具体的内容。它们在意义上属于非认知目标，因为它们和与内容相关的材料的处理（认知）方式是不同的，它们需要的技能是要在社交世界和人际关系领域使用的。教师撰写非认知目标的共同点包括：

- 自我认知/自我控制
- 学术上的自我概念
- 共情/尊重
- 社会感知和回应
- 目标制定
- 情感认知
- 学习技能
- 团队建设
- 问题解决
- 适应能力

学习目标和非认知目标量表的撰写方式和认知目标的相同。表4.6描述了目标设定技能的衡量标准，这也是人们普遍认定的非认知目标。

表4.6的基本目标，即分值为3.0的内容，需要清楚表明个人目标并规划完成目标的步骤。它需要人们执行目标规定的程序。较复杂的目标（4.0内容）要求学生执行更复杂的程序。学生必须要审视自己完成目标的过程，并做出必要的改变。较简单的目标（2.0内容）则要求学生执行更简单的程序。在这种情况下，为了习得分值为2.0的内容，学生必须要制

定具体条件下的具体目标。这类目标是短期的，并且不需要全面的规划。此外，分值为2.0的内容还会要求学生识别或回忆部分基本词汇。

表4.6　目标设定评估量表

4.0	学生： ● 规划达成目标的过程，并做出必要改变（例如，了解他/她完成个人目标的过程之所以落后是因为缺乏努力）。 **有关4.0的内容没有重大错误或遗漏**
3.5	除了达到3.0的表现外，部分习得4.0的内容
3.0	学生： ● 制定目标并规划达到目标的计划（例如，学生选出写作的薄弱环节，制定在本单元或本学期结束前掌握某项技能的目标，例如主动语态，并讨论他/她认为可以如何达到这一目标）。 **有关3.0的内容没有重大错误或遗漏**
2.5	有关2.0的内容没有重大错误或遗漏，部分习得3.0的内容
2.0	学生： ● 识别并回忆具体词汇，例如： ○ 目标 ○ 进展 ● 完成基本程序，例如： ○ 为某一给定课程或条件制定（短期）目标（例如，在撰写论说文方面，学生制定撰写开头和结尾段落的目标）。 **有关2.0的内容没有重大错误或遗漏**
1.5	部分习得2.0的内容，有关3.0的内容有重大错误或遗漏
1.0	**在帮助下，部分习得2.0的内容和3.0的内容**
0.5	在帮助下，部分习得2.0的内容，但未习得3.0的内容
0.0	**即使在帮助下，也未能习得任何内容**

表4.7描述了与情感认知相关的非认知目标。表4.7的基本目标（分值为3.0的内容）要求学生描述他们对于多种情感的生理反应。这可能被认

定为整合目标（理解阶段），因为学生必须辨明他们对多种情感的生理反应的主要特征。较复杂的目标（4.0内容）要求学生将他们的生理反应按指定类别进行分类。这是匹配目标（分析阶段）。较简单的目标（2.0内容）要求学生回忆有关对情感的一般反应的陈述，并识别或回忆部分基本词汇（检索阶段）。

表4.7 情感认知量表

4.0	**学生：** ● 将情感分为频发性和非频发性，并讨论原因（例如，描述他或她常常无缘由生气的过程，并认识到这不会是他/她的朋友的反应）。 **有关4.0的内容没有重大错误或遗漏**
3.5	除了达到3.0的表现外，部分习得4.0的内容
3.0	**学生：** ● 描述他或她对于多种情感的生理反应（例如，描述当他/她生气时，他/她的双手会颤抖）。 **有关3.0的内容没有重大错误或遗漏**
2.5	有关2.0的内容没有重大错误或遗漏，部分习得3.0的内容
2.0	**学生：** ● 识别并回忆具体词汇，例如： ○ 情感 ○ 反应 ● 回忆有关情感的一般知识，例如： ○ 人们对自己的情绪有明显的生理反应。 ○ 情感通常由某个触发事件导致（例如，“我悲伤是因为我最好的朋友搬走了”）。 ○ 我们对于我们的情感通常有持续的生理反应，而这些反应可以告诉我们自身的感受。 **有关2.0的内容没有重大错误或遗漏**
1.5	部分习得2.0的内容，有关3.0的内容有重大错误或遗漏

（续表）

1.0	**在帮助下，部分习得2.0的内容和3.0的内容**
0.5	在帮助下，部分习得2.0的内容，但未习得3.0的内容
0.0	**即使在帮助下，也未能习得任何内容**

正如表4.6和表4.7所示，教师为非认知目标设计量表的方式与认知目标相同。但是，认知目标和非认知目标存在一些重要区别。正如我们看到的，针对新分类法中每一级别的认知目标，评估任务的设计是比较简单的。在某些情况中，用于认知目标的评估种类也可用于非认知目标。请参考情感认知的量表（见表4.7）。

对于2.0的内容，教师可以要求学生回答一系列选择题或判断正误。对于3.0的内容，教师可以要求学生论述如下问题：

解释你对以下情感的生理反应：快乐、悲伤、恐惧、愤怒。

类似地，对于4.0的内容，教师可以要求学生论述如下问题：

将以下情感分为你生活中的频发性或非频发性情感，并解释你的分类依据：快乐、悲伤、恐惧、愤怒。

因为情感认知涉及知识，这和常规学习的知识的模式相同。因此，采用的评估方式也可以相同。但是它与表4.6中描述的目标制定的技能不同。这一非认知目标是一种程序。另外，要设计出一个任务能够在任何时间对其进行评估并不容易。为了评估这一目标，教师需要求学生制定一个季度或一个学期的目标，然后再观察他们在这段时间的进步。换言之，教师必须为学生提供机会，让他们展示制定目标的能力，然后再观察他们践行目标的过程。许多非认知程序目标都属于这种情况——为了评估学生，教师必须为学生提供达到非认知程序目标的机会。练习4.3提供了制定非认知目标量表的部分练习。

练习4.3 设计非认知量表

对于以下每项级别，非认知学习目标处在3.0分水平。请填写4.0和2.0分值的内容。

1.

4.0	学生： ● 有关4.0的内容没有重大错误或遗漏
3.5	除了达到3.0的表现外，部分习得4.0的内容
3.0	学生： ● 讨论违反家庭和课堂规则的后果。 有关3.0的内容没有重大错误或遗漏
2.5	有关2.0的内容没有重大错误或遗漏，部分习得3.0的内容
2.0	学生： ● 有关2.0的内容没有重大错误或遗漏
1.5	部分习得2.0的内容，有关3.0的内容有重大错误或遗漏
1.0	在帮助下，部分习得2.0的内容和3.0的内容
0.5	在帮助下，部分习得2.0的内容，但未习得3.0的内容
0.0	即使在帮助下，也未能习得任何内容

2.

4.0	学生： ● 有关4.0的内容没有重大错误或遗漏
3.5	除了达到3.0的表现外，部分习得4.0的内容

（接上页）

3.0	学生： ● 习得并应用相应的非语言表达方式。 **有关3.0的内容没有重大错误或遗漏**
2.5	有关2.0的内容没有重大错误或遗漏，部分习得3.0的内容
2.0	学生： ● **有关2.0的内容没有重大错误或遗漏**
1.5	部分习得2.0的内容，有关3.0的内容有重大错误或遗漏
1.0	在帮助下，部分习得2.0的内容和3.0的内容
0.5	在帮助下，部分习得2.0的内容，但未习得3.0的内容
0.0	即使在帮助下，也未能习得任何内容

3.

4.0	学生： ● **有关4.0的内容没有重大错误或遗漏**
3.5	除了达到3.0的表现外，部分习得4.0的内容
3.0	学生： ● 让他人参与课堂任务或游戏。 **有关3.0的内容没有重大错误或遗漏**
2.5	有关2.0的内容没有重大错误或遗漏，部分习得3.0的内容
2.0	学生： ● **有关2.0的内容没有重大错误或遗漏**
1.5	部分习得2.0的内容，有关3.0的内容有重大错误或遗漏
1.0	**在帮助下，部分习得2.0的内容和3.0的内容**
0.5	在帮助下，部分习得2.0的内容，但未习得3.0的内容
0.0	**即使在帮助下，也未能习得任何内容**

小 结

本章开始于学习目标要对学生有挑战性但又要可达到的讨论。由于课堂上学生与任何学习目标相关的理解能力或技能水平不同，因此要设计这样的目标就成为难题。解决办法就是设计针对多种难度的多个学习目标。教师一旦为学生确定了基本学习目标、较简单的目标和较复杂的目标，就可以制定一个量表了。本章呈现的0—4分段使教师能够通过分值3.0的基本目标、分值2.0的较简单目标和分值4.0的较复杂目标，准确地评估学生的知识或技能水平。除了学习目标，教师也可将其应用于非认知目标。通过制定和评估对班上每位学生有适当难度的认知和非认知目标，教师可以在多个领域全面了解该学生的进步。

练习4.1

根据难度为目标排序

在以下每组学习目标中，都有一个基本目标和难度或复杂程度高于（或难于）、低于（或易于）该基本目标的目标。请用数字1、2、3为它们标号，其中1代表最简单（或难度最低）的目标。

A. 学生应能够讨论对于身体最重要的饮食需求。

学生应能够在给定的清单中找出健康和不健康的食物。

学生应能够讨论如果某一项身体需求不能得到满足，身体会发生什么。（例如，如果身体很长时间没有摄入热量，会发生什么？）

B. 学生应能够基于给定的数学等式设计复杂的文字问题。

学生应能够在文字问题和数学等式之间相互转换。

学生应能够对嵌入在文字问题中的数学计算过程进行准确描述。

C. 学生应能够流畅地衔接简单句、复合句和并列复合句。

学生应能够用主语和谓语写出简单句。

学生应能够独立写出并列复合句。

D. 学生应能够用标准单位进行简单测量。

学生应能够进行标准和非标准度量单位之间的换算。

学生应能够完成标准或非标准度量单位的简单换算。

E. 学生应能够讨论第二次世界大战期间罗斯福外交政策的重要内容。

学生应能够对第二次世界大战期间罗斯福外交政策进行准确叙述。

学生应能够对比冲突期间历届总统外交政策的得失。

练习4.2

制定量表

使用以下格式，填写4.0、3.0和2.0内容，针对你最近在课上要达到的目标，制定一份量表。

__________课量表

4.0	学生： ● 有关4.0的内容没有重大错误或遗漏
3.5	除了达到3.0的表现外，部分习得4.0的内容
3.0	学生： ● 有关3.0的内容没有重大错误或遗漏
2.5	有关2.0的内容没有重大错误或遗漏，部分习得3.0的内容
2.0	学生： ● 有关2.0的内容没有重大错误或遗漏
1.5	部分习得2.0的内容，有关3.0的内容有重大错误或遗漏
1.0	在帮助下，部分习得2.0的内容和3.0的内容
0.5	在帮助下，部分习得2.0的内容，但未习得3.0的内容
0.0	即使在帮助下，也未能习得任何内容

练习4.3

设计非认知量表

对于以下每项级别，非认知学习目标处在3.0分水平。请填写4.0和2.0分值的内容。

1.

4.0	学生： ● 有关4.0的内容没有重大错误或遗漏
3.5	除了达到3.0的表现外，部分习得4.0的内容
3.0	学生： ● 讨论违反家庭和课堂规则的后果。 有关3.0的内容没有重大错误或遗漏
2.5	有关2.0的内容没有重大错误或遗漏，部分习得3.0的内容
2.0	学生： ● 有关2.0的内容没有重大错误或遗漏
1.5	部分习得2.0的内容，有关3.0的内容有重大错误或遗漏
1.0	在帮助下，部分习得2.0的内容和3.0的内容
0.5	在帮助下，部分习得2.0的内容，但未习得3.0的内容
0.0	即使在帮助下，也未能习得任何内容

2.

4.0	学生： ● 有关4.0的内容没有重大错误或遗漏

（接上页）

3.5	除了达到3.0的表现外，部分习得4.0的内容
3.0	**学生：** ● 习得并应用相应的非语言表达方式。 **有关3.0的内容没有重大错误或遗漏**
2.5	有关2.0的内容没有重大错误或遗漏，部分习得3.0的内容
2.0	**学生：** ● **有关2.0的内容没有重大错误或遗漏**
1.5	部分习得2.0的内容，有关3.0的内容有重大错误或遗漏
1.0	在帮助下，部分习得2.0的内容和3.0的内容
0.5	在帮助下，部分习得2.0的内容，但未习得3.0的内容
0.0	即使在帮助下，也未能习得任何内容

3.

4.0	**学生：** ● **有关4.0的内容没有重大错误或遗漏**
3.5	除了达到3.0的表现外，部分习得4.0的内容
3.0	**学生：** ● 让他人参与课堂任务或游戏。 **有关3.0的内容没有重大错误或遗漏**
2.5	有关2.0的内容没有重大错误或遗漏，部分习得3.0的内容
2.0	**学生：** ● **有关2.0的内容没有重大错误或遗漏**
1.5	部分习得2.0的内容，有关3.0的内容有重大错误或遗漏
1.0	在帮助下，部分习得2.0的内容和3.0的内容
0.5	在帮助下，部分习得2.0的内容，但未习得3.0的内容
0.0	即使在帮助下，也未能习得任何内容

第5章

在学习目标体系内教学

如果教师遵循前四章的指示，那么他们会拥有一套清晰的学习目标体系和与上述学习目标匹配的评估任务。正如你已经看到的，学习目标可以被划分为有助于能力水平区分的量级。正因为这个学习目标体系的存在，教师可以采用各种方案，打造有力的教学和评估方法。在本章中，我们将从两个视角来观察这一新方法：一是整个年度，二是某一具体的教学单元。我们首先从整个年度的视角来看。

整个年度的学习目标

整个年度的课程包括多个独立的教学单元。在单独的教学单元中，教师通常只会处理部分学习目标，甚至少数非认知目标。而到底应该确定多少个目标并不确定。在此基础上，我们会直觉地认为两周的教学应该可以处理2—3个目标，且不会给教师的资源和学生的能力造成太大的负担。因此，一个教学单元平均可以处理2.5个学习目标。按照这个思路，由于整个学年一般需要36周左右，那么全年可以处理约45个学习目标。如果一个单元需要2周的学时，那么一年就可以讲授18个单元，每个单元共有2—3个目标。

一个学年需要处理的45个学习目标不一定要是45个相互独立的目标。有的学习目标可以组成体系贯穿在整个学年的多个单元中。其他目标则可以在单一单元中处理。具体可参考表5.1。该表包括中学科学教师可以处理的31个学习目标样例。关键是要注意表5.1体现的只是基本目标（即量表中3.0分值的内容）。对于每个目标，我们都可以像第 4 章叙述的那样建立量表，并为每个学习目标中分值为4.0、3.0和2.0的内容设定评价任务。

总的来说，表5.1列出了31个学习目标，这些目标可被划分为12个主题。这些主题又可被划分为4个更宽泛的类别，这4个类别有时又称为部分。根据之前的讨论，你可以看出，在整个学年，教师可以处理45个学习目标，甚至更多。从表面来看，这意味着还可以再增加14个目标。

表5.1 单一学年可处理的中学科学课目标

第1部分：地球与空间科学
主题1：大气循环和水循环 目标 1：学生会演示气候模式是如何受水循环及其过程影响的。 目标 2：学生会示范地球大气层的各层（对流层、平流层、中间层和热层）是如何受温度和压力影响的。
主题2：地球的组成和结构 目标 3：学生会描述地球每层的独特组成以及地球是如何受各层之间的相互作用影响的。 目标 4：学生会描述创造和塑造地貌的建构力和破坏力。 目标 5：学生会演示岩石循环的每个阶段（向岩浆岩、变质岩和沉积岩转变的过程）。
主题3：宇宙的组成和结构以及地球在宇宙中的位置 目标 6：学生应找到解释天、年、月相、日食和月食、潮汐和影子等现象由于地球和月球运行轨迹出现和改变的过程中出现的错误。 目标 7：学生应列出太阳系中每个行星的典型特征，并进行对比。 目标 8：学生应示范地球和太阳系行星是如何相互影响的。 目标 9：学生应解释不同天体的独特性质和决定性组成部分。
第2部分：生命科学
主题4：遗传原理和相关概念 目标 10：学生应将具体的繁殖特征（生理过程、遗传特征和突变风险）分为有性繁殖或无性繁殖。 目标 11：学生应演示有机体受遗传特征影响的不同途径（疾病、遗传体能和外貌）。

（续表）

主题5：细胞和有机体的结构和功能 目标 12：学生应将细胞分裂和分化与正确的原核或真核有机体相匹配。 目标 13：学生应根据给定多细胞有机体的用途，对细胞进行分类。 目标 14：学生应描述细胞、组织、器官和器官系统之间是如何协同运转的。
主题6：有机体和环境的关系 目标 15：学生应描述人体和生态系统之间的因果关系。 目标 16：学生应描述食物链和生物网是如何起作用的，以及其在生态系统中的位置。 目标 17：学生应演示生态系统如何在循环中改变物质。
主题7：生物进化和生命的多样性 目标 18：学生应描述多个生命起源理论的关键组成部分，及这些理论对于时事和日常生活的不同意义。 目标 19：学生应解释自然选择是如何促进统一性和多样性的。
第3部分：自然科学
主题8：物质的结构和性质 目标 20：学生要描述孤立的、封闭的和开放的热力系统的独特要素，并进行对比。 目标 21：学生要描述物质不同状态的特征。 目标 22：当给出某一元素的组成、原子序数、熔点和沸点时，学生可以说出它的名字，并进行分类。
主题9：能量的来源和性质 目标 23：学生要将给定能量分为引力能、化学能、机械能或核能。 目标 24：学生要找到有关运动、辐射、热力和动能及声音的明确特征的陈述中的错误。 目标 25：学生要描述地热能、水电能、风能、太阳能、海洋能和水能的明确特征，以及它们可再生的原因。
主题10：力和运动 目标 26：学生要描述力和摩擦力等因素是如何影响物体运动的。 目标 27：学生要描述电和磁之间的关系。 目标 28：学生要描述质量和距离是如何影响引力的。

（续表）

第4部分：科学的性质
主题11：科学调查的性质 目标 29：学生要设计和执行多个以重复验证为重点的实验。
主题12：科学进取心 目标30：学生要将某一次科学进步与此次科学发现的科学家相匹配。 目标31：学生要解释科学事业引发的伦理问题，并理解这些问题是什么。

但是，以上每项学习目标只有在一个学年内的一个单元中解决才能起到作用。正如前文提到的，有的目标是教师要在多个单元中解决的。比如，请参考涉及科学调查性质的学习目标（目标29）。它涉及的是设计和执行科学实验。科学教师至少可以在一个学年的多个教学单元涉及这一目标。鉴于教师还可以再完成14个学习目标（假设一个学年可以处理45个学习目标），教师可以将这一目标纳入到多个单元中。比如，请参考表5.2，它包括一个学年中12个单元的教学安排以及每个教学单元中要解决的学习目标。

正如表5.2展示的，教师将一学年划分为12个单元——基本上每个单元对应一个主题。（当然，组织表5.1中目标的方法有很多种。这里用到的这一相对简单的方法是为了便于讨论。）请注意涉及科学过程的目标29就贯穿了整个学年中的多数单元。因此，基于教师在各单元安排目标的方式，以及花费在每个单元的时长，有些目标可能由于它们的重要性和学生在学习过程中经历的发展阶段，不断出现在不同单元。

表5.2　一个学年中的教学单元及学习目标

第1单元：大气循环和水循环	学时：2周 学习目标：1、2
第2单元：地球的组成和结构	学时：3周 学习目标：3、4、5、29
第3单元：宇宙的组成和结构	学时：4周 学习目标：6、7、8、9
第4单元：遗传原理和相关概念	学时：3周 学习目标：10、11、29
第5单元：细胞和有机体的结构和功能	学时：4周 学习目标：12、13、14、29
第6单元：有机体和环境的关系	学时：2周 学习目标：15、16、17
第7单元：生物进化和生命的多样性	学时：3周 学习目标：18、19、29
第8单元：物质的结构和性质	学时：3周 学习目标：20、21、22
第9单元：能量的来源和性质	学时：3周 学习目标：23、24、25
第10单元：力和运动	学时：5周 学习目标：26、27、28、29
第11单元：科学进取心	学时：2周 学习目标：29、30
第12单元：你的未来和科学	学时：2周 学习目标：29、30、31

非认知目标的处理方法

整个学年中学习目标的设计也要考虑非认知目标。例如，假设教师在目标制定、情感认知和团队成员合作方面确定了非认知学习目标。这类目标可以纳入到整个学年的规划当中。例如，在第1单元中，教师可以处理与团队成员合作相关的非认知目标。教师可以选择这样做，因为这是与合作学习有关的课上基础技能。在下一个单元，教师可以引入与目标制定相关的非认知目标。在第3单元中，教师可引入与情感认知相关的非认知目标。因此，在学年刚开始时，可以全部引入这3个非认知目标。此类目标可以在该学年之后的单元中再次出现，而不必再过多占用达到学习目标所需要的教学时间。

教学单元中的学习目标

在一个教学单元中，围绕学习目标体系组织的诸多课堂要素本质上可能看起来比较传统。例如，教师会展示经验和信息，帮助学生习得本单元目标所需的专业知识。教师还会为学生提供机会复习之前学过的知识。同样地，教师还会为学生提供机会实践之前学习过的技能和程序。简言之，观察围绕学习目标体系组织的课堂，你会发现许多内容看起来和那些没有这样做的课堂一样；然而，如果你观察这样的课堂一段时间，你会发现一些在普通课堂看不到的东西。

学生通过一个单元习得知识

围绕学习目标组织的课堂的明确特征是学生可以通过一个教学单元和整个学年的学习目标提升自己的能力。而这成为可能的前提是教师为每个学习目标提供量表，有助于追踪知识的学习情况。例如，请考虑表5.2中一个学年中的第1单元。该单元针对的是表5.1中的两个学习目标：

目标1：学生会演示气候模式是如何受水循环及其过程影响的。

目标2：学生会模拟地球大气层的各层（对流层、平流层、中间层和热层）是如何受温度和压力影响的。

正如我们在第4章所看到的，每个目标都会有一个量表。例如，表5.3描述了该单元第1个学习目标的量表。

表5.3　第1单元第1个学习目标的量表

4.0	学生： ● 找到描述某一气候模式受水循环及其过程影响时出现的错误。 有关4.0的内容没有重大错误或遗漏
3.5	除了达到3.0的表现外，部分习得4.0的内容
3.0	学生： ● 演示气候模式是如何受水循环及其过程影响的。 有关3.0的内容没有重大错误或遗漏
2.5	有关2.0的内容没有重大错误或遗漏，部分习得3.0的内容
2.0	学生： ● 识别并回忆具体术语，例如： ○ 水循环 ○ 气候/气候模式 ● 回忆有关水循环的基本信息： ○ 它是如何影响气候模式的 有关2.0的内容没有重大错误或遗漏
1.5	部分习得2.0的内容，有关3.0的内容有重大错误或遗漏
1.0	在帮助下，部分习得2.0的内容和3.0的内容
0.5	在帮助下，部分习得2.0的内容，但未习得3.0的内容
0.0	即使在帮助下，也未能习得任何内容

教师可以在单元开始时针对每个学习目标量表的所有内容进行预评估。预评估可以使用与分值为4.0、3.0和2.0的学习目标相关的评估任务。在单元和学年的学习过程中，教师会设计分值为4.0、3.0和2.0的其他评估任务。

因为教师在单元刚开始时并未直接教授有关两个学习目标的内容，所以通常学生预评估的分数不会高。比如，一位学生在预评估时，可能第一个学习目标只达到了2.0的水平，而第二个学习目标只达到了1.5的水平。随着单元教学的推进，学生会通过教学活动提高自己在每个学习目标领域的能力。因此，学生的分数会随着单元的推进而提高。请参考图5.1和图5.2。

图5.1和图5.2描述了一位学生经过第1单元的教学，在两个学习目标上取得的进步。正如前文所述，该生刚开始在第一个目标上达到了2.0的水平，但在这一单元结束时水平提高到了2.5。同样地，该生刚开始在第二个目标上达到了1.0的水平，而在这一单元结束时水平提高到了3.0。使用图5.1和图5.2上的折线图，学生可以绘制出他们在一定时间内取得的进步。有的教师和学生则喜欢像图5.3和图5.4一样用柱状图体现取得的进步。（本章末尾提供了可复制的学生进步图表。）

在围绕学习目标组织的课堂上，学生们可能在单元开始时得分较低，但在单元结束时得分较高。正如你会看到的，学生在学习目标上取得的分数在整个学年会越来越高。这与因单元或学年初得分低而在整个单元或学年惩罚学生的系统是完全相反的。例如，在某些传统课堂，如果学生在第一次考试中得分低，那么他最后获得的最高分会受限，因为这次低分会与在同一评分阶段中的其他评估分数平均计算。而在围绕学习目标建立的课堂上，某一学习目标评价量表的分数只代表学生在某一阶段的学习水平。在之后的每个时间点，如果学生证明了他的能力提升了，那么他的分数也会随之改变，来代表其当时的学习水平。

学生有展示能力的责任

围绕学习目标组织的课堂还有一点与传统课堂不同，那就是学生可以设计自己的方式来展示在学习目标上取得的进展。当然，在学年开始，教师应该负责设计评估任务，展示学生在某一学习目标上取得的进展。也就是说，在学期初，教师会给学生布置相当于分值2.0、3.0和4.0能力水平的评估任务。正如你在之前章节读到的，任务应按照明确的学习目标来设计。但是，在学生熟悉了这一系统后，他们可以确定他们想要用来展示不同水平能力的任务和活动的种类。例如，可以参考图5.1和图5.2中描述的学习目标1和学习目标2初始分数为2.0和1.0的学生的情况。在看过首个学习目标的量表后，学生可能会提议为了展示3.0级别的能力，他可以准备回答课本相应章节后与该主题相关的具体问题。而另一个初始分值相同的学生可能提议他要写一篇文章叙述学习内容，并提交给教师。而初始分值为2.0的学生可能提议她要口头展示分值3.0的学习内容。

在围绕学习目标组织的课堂上，学生有权利，也更愿意管理他们展示某一量表的某一分值的能力的方式。在任何时刻，学生可以去找老师，并提出提高其在某一学习目标量表分值的方式。

学生进步图示：记录我的学习

姓名：皮尔斯

学习目标1：学生会演示气候模式是如何受水循环及其过程影响的。

我的初始分数：2.0 。

我的目标是在 2月7日 **前达到分值** 3.0 。

我要提高的具体内容：______________________________。

学习目标1

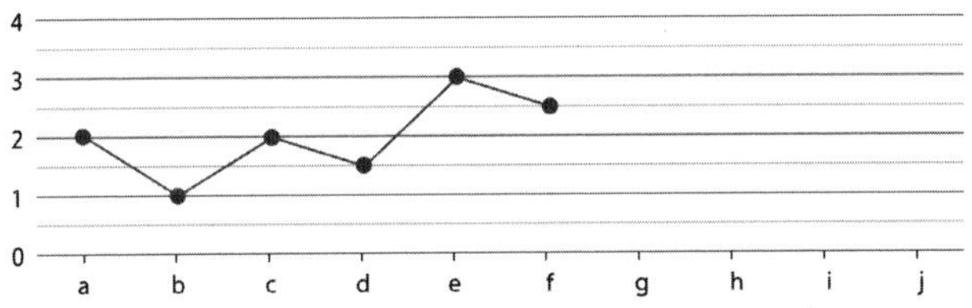

a.	1月10日	f.	2月2日
b.	1月14日	g.	______
c.	1月18日	h.	______
d.	1月24日	i.	______
e.	1月31日	j.	______

图5.1　为学习目标1绘制的学生成长折线图

合作学习结构

在第1章中，你读到了合作学习目标对学生学习可能会产生有力影响。在围绕学习目标组织的课堂这一背景下，教师可以采用合作结构作为帮助学生提高其在某一目标量表的知识水平的工具。安吉拉·奥唐奈（Angela O'Donnell）找到了有助于达到这一目的的多个合作结构。

学生进步图示：记录我的学习

姓名：皮尔斯

学习目标2：学生会模拟地球大气层的各层（对流层、平流层、中间层和热层）是如何受温度和压力影响的。

我的初始分数：1.0。

我的目标是在2月7日**前达到分值**3.0。

我要提高的具体内容：____________________。

学习目标2

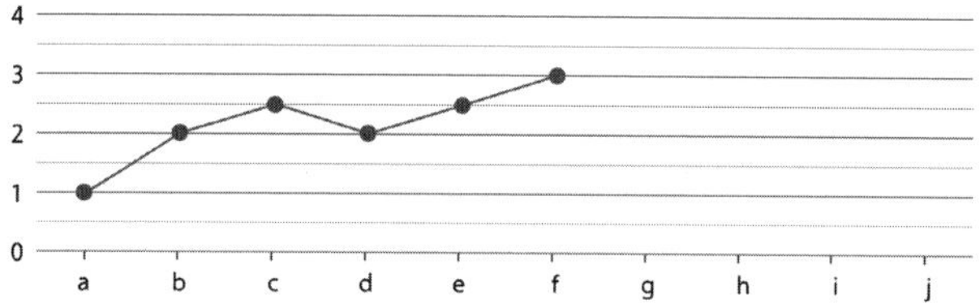

a. 1月10日　　f. 2月2日
b. 1月14日　　g. ________
c. 1月18日　　h. ________
d. 1月24日　　i. ________
e. 1月31日　　j. ________

图5.2　为学习目标2绘制的学生成长折线图

上述结构之一就是小组调查，学生组成小组调查某一具体主题的内容。根据本书的讨论，主题可以是教学单元中要达到的一个学习目标或一组学习目标。每个合作小组的成员会收集每个学习目标量表的多个级

学生进步图示：记录我的学习

姓名： 皮尔斯

学习目标1： 学生会演示气候模式是如何受水循环及其过程影响的。

我的初始分数： 2.0 。

我的目标是在 2月7日 **前达到分值** 3.0 。

我要提高的具体内容： ______________________。

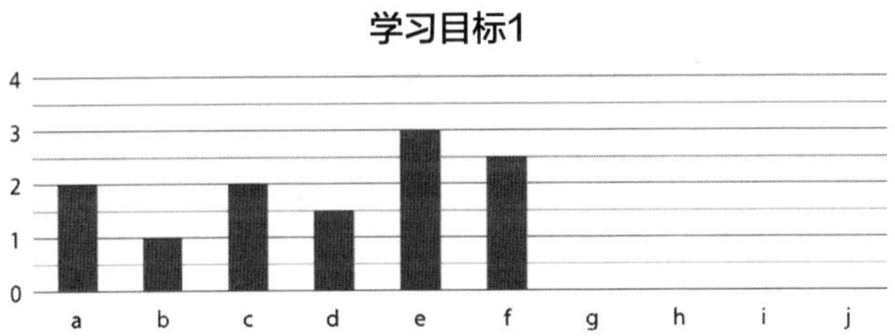

a.	1月10日	f.	2月2日
b.	1月14日	g.	______
c.	1月18日	h.	______
d.	1月24日	i.	______
e.	1月31日	j.	______

图5.3 为学习目标1绘制的学生成长柱状图

别学习内容的相关信息——用收集的信息来回答相关问题可以展示分值2.0、3.0和4.0的能力。合作小组的结构是精心设计的，这样每个小组都会接触到与学习目标相关的各等级专业知识。也就是说，教师要尽力确保每个小组都有一个或多个学生了解相应主题的知识，并可以向其他欠缺相关知识的同学提供协助。

如果小组成员不能每天见面的话，那么要安排恰当课时，让各小组成员可以经常见面。虽然每个学生必须独立展示其在每个学习目标量表中的能力，但合作小组要为难以通过某一学习目标量表各知识等级的学生提供支持和指导。

还有一个与我们紧密相关的合作结构，那就是拼图。这一结构由埃利奥特·阿伦森（Elliot Aronson）及其同事设计。奥唐奈提到这是最初的合作学习技巧之一。她这样描述这一结构：

> 学生加入了由4个不同的人组成的小组，他们需要成为所分配的主题的专家。例如，如果该小组正在学习雨林，那么该小组的每个成员都应该负责学习该主题下面的一个分类（例如雨林中的鸟类和动物，居住在雨林里的人，植物和雨林的破坏）。来自不同团队的、负责同一“主题”的学生组成小组进行讨论。他们的任务是尽可能了解这一主题。之后他们再返回各自的小组，将学到的材料教给该小组的其他学生。

针对每个学习目标的量表，各专业小组会负责分值2.0、3.0和4.0的相应内容。因此，每个量表会配备3个专业小组。每个小组负责学习该量表某一分值的相关内容。而后每个专业小组的人员再返回各自的合作小组，与成员共享学习的信息。

学生进步图示：记录我的学习

姓名：皮尔斯

学习目标2：学生会示范地球大气各层（对流层、平流层、中间层和热层）是如何受温度和压力影响的。

我的初始分数：1.0。

我的目标是在2月7日**前达到分值**3.0。

我要提高的具体内容：________________。

学习目标2

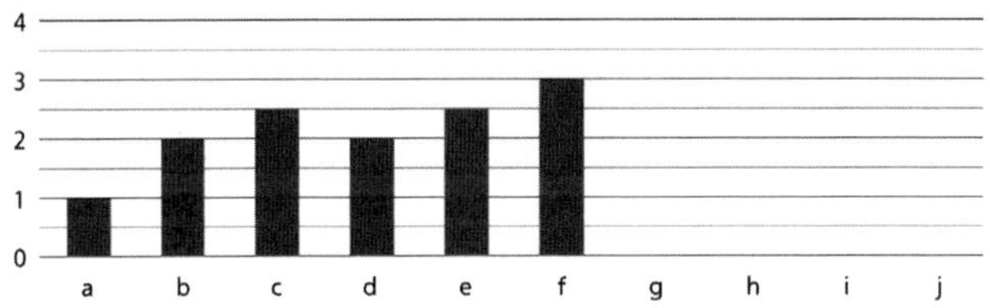

a.	1月10日	f.	2月2日
b.	1月14日	g.	______
c.	1月18日	h.	______
d.	1月24日	i.	______
e.	1月31日	j.	______

图5.4 为学习目标2绘制的学生成长柱状图

围绕目标组织的课堂还可以用到的一项合作结构是朋辈辅导。朋辈辅导的模式有很多种（见奥唐奈2006年对不同方法的讨论），但是最适用于本章讨论内容的就是结构化辅导互动。在结构化辅导互动中，辅导者要根据指示，用一系列活动与被辅导者互动。特别是辅导者要按照所学解释他们对于某一话题所了解的知识，解释其信息准确的原因，然后再帮助被辅导者与他们已知的信息建立联系。

有关这一方法的研究结果表明，这一方法在了解那些需要推理和应用的复杂信息上特别有效。因此，结构化的辅导互动对于不少学习目标的3.0和4.0的内容都特别有用。辅导者应该是那些在单元教学刚开始时能力就达到3.0和4.0的学生志愿者。例如，有的学生可能在单元教学一开始就展现出了3.0或4.0水平的能力。那么，这些学生就可以作为朋辈志愿者，帮助那些难以达到某些学习目标的学生。如下一节所述，我们会发现在该学年中，越来越多的学生会在教学阶段开始时就展现出3.0或4.0水平的能力。的确，有的学生可能在该学年结束前就完成了整个课程的学习。这些学生就可以自愿成为朋辈辅导人员或继续学习更高阶的内容。

学习上的持续进步

围绕学习目标组织课堂的最大优势可能是学生可以按照自己的节奏学习。正如前文所述，在学生证明了其在某一单元的学习目标方面已经具备3.0或4.0水平的能力之后，他们可以主动成为朋辈辅导人员，帮助那些在有限的单元学习时间内无法达到相应水平的学生。但要注意的是，朋辈辅导是一项自愿的活动。

不想参与这项活动的学生可以继续学习以达成下个单元设置的其他学习目标。多数情况下，这需要学生独立学习。教师会向这些学有余力的学生提供学习资源和指导，而学习的节奏则由学生自己决定。学生可以选择学习下个单元的学习目标，或下个季度甚至下个学期的单元主题。如果学生证明其能力达到了该课程整个年度所有学习目标的3.0或4.0的水平，那么他可以开始学习更高年级学习目标规定的内容。

显然，如果按这个方式组织整个学校的工作，那么向更高年级的学习内容过渡应该比较容易。《有效的课堂评估和评分》和《设计有效的教学评价与评分系统》两本著作中叙述了学校和学区范围内的这样一个系统是如何运行的。但是，即便教师是所在学校唯一按照学习目标组织课堂的人，允许提前达到本学年该年级学习目标的学生超前学习，也只是需要教师查阅一下下个学年的课程大纲而已。

如果教师在综合性班级负责（例如）语言艺术、数学、科学和社会研究课程，那么能够证明其能力已达到某一学科（比如，数学）所有学习目标的3.0或4.0水平的学生可以开始学习他没有超前学习的其他学科领域的学习目标规定的内容（比如，语言艺术）。如果学生达成了所有四个学科领域的学习目标，那么他就可以开始学习下个年级的学习目标规定的内容，并/或自愿成为朋辈辅导人员。

围绕学习目标组织的课堂同样有利于在单元教学时间内不能达到3.0和4.0水平的学生。例如，假设第1个单元有两个学习目标，在完成这一单元的教学后，一个学生在两个学习目标上分别只达到了1.0和2.0的水平。虽然我们要尽力确保所有学生在下个单元开始前至少达到3.0的水平，但不可避免的是，有的学生在这一单元结束前就是做不到这一点。下个单元的教学针对的是另外两个不同的学习目标。未能达到3.0水平的学生仍旧可以继续学习新的单元，努力达到新的学习目标。但是，这些学生可以在第2个单元（和第3个单元等）学习期间，获得针对之前的任一学习目标的辅导。如上文所述，提供辅导的可以是能够提前证明自己能力水平的志愿者学生。当然，理想的状态是，教师可以让其他成人帮助那些未能达到学习目标的落后学生。具体的形式可以是（除授课教师外）教师辅导、助教辅导和课后辅导。显然，如果整个学校都是围绕学习目标来组织的，那么在资源配置阶段就可以把这类帮助考虑进去。如果教师不能获得来自其他老师或助教的帮助，那么他就只能通过朋辈辅导这一方式向学生提供相应的帮助。

围绕学习目标组织的课堂的一个重要方面就是学生应该有整个学年的时间来证明其达到了学习目标的3.0或4.0的水平。也就是说，在整个学年的任何时间，学生可以提高自己在该学年中任何学习目标的能力评级。比如，一个学年度有31个学习目标，而进行最后一个季度学习的学生在其中10个学习目标上的得分都没有高过2.0的（见表5.1）。在最后一个季度，该生可以提高自己在这10个学习目标上的分值。简言之，在整个学年中的任意时间，任何学生都可以就之前的学习目标，证明自己水平的提高。

评分问题

可以肯定地说，现在大部分教师所处的教育系统都要求在评分结束时能够给出某种形式的总分。那么，对于传统的评分要求，围绕学习目标组织的课堂是怎么做的呢？这一问题在《设计有效的教学评价与评分系统》一书中得到了深入讨论。而我们对此做简要叙述如下。

理想状态下，围绕学习目标组织的系统并不要求总分或“综合性的”分数，但是如果教师、学校或学区想这么做，也是可以这样评分的。教师可以只将评分阶段中每个学习目标的最终得分平均，并将平均分换算成传统的字母评分等级。例如，假设第1季度有10个学习目标，一个学生在这10个学习目标上的得分如下：

目标1：2.0

目标2：2.5

目标3：3.0

目标4：2.0

目标5：3.0

目标6：2.5

目标7：1.5

目标8：2.0

目标9：2.0

目标10：3.0

以上得分的平均值为2.35。我们可以使用表5.4列出的量表将这一分数转化为总分。

表5.4　传统分数换算表

量表平均分	传统评级		量表平均分	传统评级	
3.51—4.00		A	2.17—2.33		C
3.00—3.50		A-	2.00—2.16		C-
2.84—2.99		B+	1.84—1.99		D+
2.67—2.83		B	1.67—1.83		D
2.50—2.66		B-	1.50—1.66		D-
2.34—2.49		C+	0.00—1.49		F

在这种情况下，这位学生得到的评级是C+。

我们假设在下个季度包括十几个学习目标。教师将这些目标的最终分数和第1季度学习目标的最后分数加以计算得出这一学期所有学习目标的平均值。需要记住的是，在这一学期，学生有机会提高自己在上一季度学习目标的得分。因此，某一学生第1季度的得分可能发生如下变化：

目标1：从2.0提高至3.0

目标2：从2.5提高至3.0

目标3：维持3.0未变

目标4：从2.0提高至3.0

目标5：从3.0提高至4.0

目标6：从2.5提高至3.0

目标7：从1.5提高至2.0

目标8：从2.0提高至3.0

目标9：从2.0提高至2.5

目标10：维持3.0未变

这位学生在第2季度中的学习目标上的得分可能是：

目标11：2.5

目标12：2.0

目标13：2.0

目标14：3.0

目标15：2.5

目标16：3.0

目标17：2.0

目标18：1.5

目标19：3.0

目标20：2.0

以上20个学习目标的最终平均分（第1季度目标的最终分数和第2季度目标的最新分数）是2.65，可换算为B-这一级别。

第3季度后，教师可以计算此季度和前两季度所有主题最终分数的平均数，得出总分。因此，每一季度末和每学年末的评级代表了截至该时间点，学生在所有学习目标上的累计学习情况。这一系统鼓励学生在该学年不断提高自己在相关内容上的学习水平，并奖励其不断深入学习的努力。

传统系统不允许学生证明其在之前学习的内容上取得的进步，而这一系统与之不同。例如，如果评分系统不允许学生在第2季度（或该学年之后的时间）证明其对于第1季度所学内容的知识水平的提高，那么就相当于该系统不认可学生现在可能了解他之前不理解的内容。这一系统与多数州标准文件的精神并不一致。但多数州标准文件都明确了截至学年末应学习的内容。因此，多数州标准文件其实都暗示学生应有机会提高在该学年之前所学的内容的分数。

小　结

一旦制定了学习目标，并对其进行了差异化处理，教师就必须能够在某一单元和某学年中进行有效实施。通过将学习目标划分为不同主题，教师可以围绕合理数量的相关目标设计单元内容。同时，在不脱离教学的情况下，也可将非认知目标纳入其中。这种组织形式确保了在整个学年度都能按需要设计所有目标。在某一单元中，这一系统会鼓励合作学习（通过朋辈辅导的方式），并允许学生记录他们自己的分数。因为学生清楚地了解自己的优势和弱点，所以他们可以承担更多责任，并能独自努力证明自己的能力、提高自己的分数。随着学年度教学工作的推进，学生可以在任何时间提高自己在任何学习目标上的分数，因而不会因一开始的错误理解或落后而受到惩罚。通过实施清晰、组织完善的学习目标系统，学生能够在整个学年真正为自己的不断学习负责。

学生进步图示：记录我的学习

姓名：__________

学习目标1：____

____。

我的初始分数：____。我的目标是在________前达到分值____。

我要提高的具体内容：____________________________________。

学习目标：______

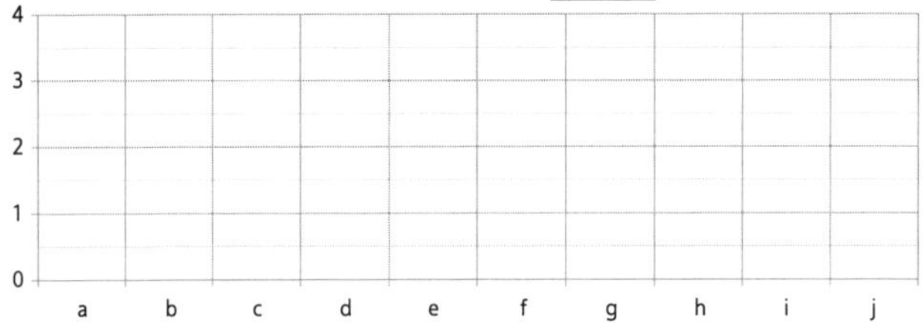

a. ________ f. ________

b. ________ g. ________

c. ________ h. ________

d. ________ i. ________

e. ________ j. ________

图5.5 空白的学生进步图示

结　语

本书所述之系统如果由教师个人使用，会给课堂教学带来非常有力的影响。正如你看到的，围绕学习目标组织的课堂会为学生提供清晰的学习目标，以及量表。这一量表说明了针对每个学习目标的较简单的学习内容和较复杂的学习内容。此外，这类课堂采用的是合作结构，以营造学生作为资源提供者相互辅导的环境，并且不会因为学生一开始不理解知识或落后而惩罚学生。最后，围绕学习目标组织的课堂不能限制学生可以在某一学年取得的成就。任何学生可以按照自己的节奏学习某一学年的课程，甚至可以按意愿学习更多的知识。通过仔细修改学习目标，鼓励学生按照自己的节奏灵活学习并赋权学生，教师能够在此系统中准确全面地了解每个学生的能力和进步情况，以及整个班级学生的能力和进步情况。掌握了这类知识，教师可以做好准备，帮助学生提高自己的成绩。

附录A 练习答案

练习2.1答案 学习目标与活动/任务

1. **学生应能够在文学作品中找到主人公、主题和观点。**

   这是学习目标。这里明确了预期结果（找到文学作品的主人公、主题和观点）。

2. **学生要自选图书撰写读书报告，其中应包括目录，注明页码，格式恰当。**

   这主要是一种活动。其中并未明确标明认知或行为结果，也没有写明完成以上要求的读书报告所需的具体理解能力或能力水平。因而判断这类报告的质量并没有明确的标准。

3. **学生应能够根据一组坐标，画出特定斜率的直线。**

   这是学习目标。其中明确规定了学生必须展示的认知和行为技能。

4. **学生要对比、描述两条线的斜率。**

   这是活动。学生按要求参加一个复杂的认知行为——对比，但其并未明确要求学生应更好地了解或做到什么。

5. **学生要了解变质岩、岩浆岩和沉积岩的异同。**

   这是学习目标。与同样包含对比要求的第4题不同，这里明确规定了学生要了解什么的结果。

6. **学生要了解波吉亚家族是如何影响文艺复兴的。**

   这是学习目标。其中明确规定了学生应了解什么的结果。

7. **学生应能够解释法印战争引发的问题是如何导致美国独立战争的。**

   这是学习目标。其中清楚地规定了了解因果关系的预期结果。

8. **学生要创作一部戏剧，将法印战争引发的问题及它们导致美国独立战争的过程改编为剧本。**

   这是学习目标。其中清楚地规定了了解因果关系的预期结果。

9. **学生要了解物质是由原子组成的，而原子是由亚原子组成的。**

   这是学习目标。其中清楚地说明了学生应了解原子相关内容的结果。

10. **学生要写论说文描述原子和亚原子间的关系。**

    这是活动。这一点要求完成某些任务（完成某篇论说文），并指定某一主题（原子和亚原子之间的关系），但并未明确规定有关学生了解内容或掌握技能的预期结果。

练习2.2答案　陈述性知识与程序性知识

1. **绘制曲线图，表示数据**

   这一陈述属于程序性知识。其中包括陈述性知识的要求（学生必须了解数据组和曲线图），但是该陈述强调的是绘制曲线图，准确表示一组数据。教师是要求学生做某件事。

2. **描述导致冷战的事件**

这一陈述属于陈述性知识。学生应展示其对冷战的了解。这里也包含了部分程序性知识的要求，即学生必须描述他们所知道的内容，但是这一陈述强调的明显是冷战的相关知识，而不是说或描述本身。

3. **确定呼吸率和心率**

根据措辞方式，这可能是程序性知识，也可能是陈述性知识。如果重点在呼吸率和心率的知识（比如，休息时、正常状态下和运动时的常见呼吸率和心率是多少），那么这一陈述就是陈述性知识。在这种情况下，我们可重新措辞：学生要了解人们在其年龄段的休息、正常和运动状态下的呼吸率和心率。如果重点在确定呼吸率和心率的过程，这一陈述就是程序性知识。在这种情况下，我们可重新措辞：学生要能够确定和计算自己和他人的呼吸率和心率。

4. **拒绝技巧**

这一陈述可能是陈述性知识，也可能是程序性知识。如果重点只是了解拒绝技巧及其适用的情境，则该陈述主要是陈述性知识，可以重新措辞为：学生要了解恰当的拒绝技巧及其适用的学习和社交情境。如果教师要求学生实践这一知识，则该陈述主要是程序性知识，可以重新措辞为：学生要能够在相应的学习和社交情境中展示拒绝技巧。

5. **机会事件的特征**

这一陈述是陈述性知识。学生应了解机会事件这一概念的明确特征。

6. 键盘技能

这一陈述可能是陈述性知识，也可能是程序性知识。如果重点是键盘操作的实际过程，则该陈述就是程序性知识；如果重点是了解按键位置，那么该陈述就是陈述性知识。

7. 保持节奏

这一陈述主要是程序性知识。可以说如果重点是了解如何保持节奏，那么这一陈述也可以算作是陈述性知识，但是人们通常并不是通过信息的形式去理解节奏。我们常通过保持节奏的过程来理解节奏。

8. 季节和地球倾斜的关系

这一陈述是陈述性知识。它要求人们了解因果关系。

9. 调查报告取样技巧

这一陈述可能是陈述性知识，也可能是程序性知识。最可能的情况是重点在于为某一既定目的使用调查报告取样技巧，而在这种情况下，这一陈述应是程序性知识，可以解读为：学生要能够使用恰当的调查报告取样技巧，并报告结果。

10. 四舍五入取整法

这一陈述可能是陈述性知识，也可能是程序性知识。教师可能想让学生不仅了解四舍五入取整法的陈述性知识（完成的方式及目的），还要能够完成这一过程。如果教师的目的是前者，那么该陈述可被解读为：学生要了解四舍五入取整法的目的和步骤。如果教师的目的是后者，那么该陈述可被解读为：学生要能够使用四舍五入取整法。

练习2.3答案 将宽泛的陈述转化为学习目标

1. **语言艺术学科宽泛陈述：有效发言**

   目标陈述：学生要能够就他们选择的话题进行5—7分钟的口头论述。该论述要包括清晰的前言、主要前提、支持性论点和结论。学生要能确保语法正确。

2. **数学学科宽泛陈述：化简分数**

   目标陈述：学生要能够认识到复杂的分数是可以简化的，且能够完成必要的计算，正确化简分数。

3. **科学学科宽泛陈述：了解光合作用**

   目标陈述：学生要能够描述在植物呼吸、吸取营养和生长方面光合作用是如何起作用的，并且能够确定促进或抑制光合作用的因素。

4. **社会研究学科宽泛陈述：了解当地历史**

   目标陈述：学生要能够列出当地历史中5个重要事件，并解释每个事件的重要性。

5. **体育学科宽泛陈述：敏捷**

   目标陈述：学生要能够接住投掷到其左边或右边的球。

6. **技术学科宽泛陈述：使用Excel表格**

   目标陈述：学生要能够将数据录入到Excel表格中，将变量和值标签赋值于该数据，并完成简单的描述性数据分析，诸如计算方式、标准差和百分比。

7. 世界语言学科宽泛陈述：西班牙语谈话

目标陈述：学生要能够用西班牙语就他们喜欢的早餐种类进行交流。

8. 艺术学科宽泛陈述：音乐欣赏

目标陈述：学生要能够确定他们最喜欢的音乐类型，并详细描述为什么最喜欢这一音乐类型。

9. 语言艺术学科宽泛陈述：阅读理解

目标陈述：学生要能够讨论直接和间接表明的主题和思想。

10. 数学学科宽泛陈述：预估

目标陈述：学生要能够心算总数和差数。

练习2.4答案　为学习目标设计评估任务

1. 学生应能够运用前缀、后缀和词根拼写单词。

评估样例：使用所列的前缀、后缀和词根组成单词。

2. 学生应解释团队游戏的规定和策略。

评估样例：我们一直在研究篮球这项体育运动。以下是有关篮球规则的一组陈述。请判断每项规则的正误。最后一个问题描述了在打篮球时的常见情境。请叙述你在这一场景下赢得比赛所采用的策略。

3. 学生应解释机体行为和环境特征的关系。

评估样例：我们一直在研究北极和南极的气候及在两地生活的动

物。请简要叙述该地区气候，在我们研究的动物中选择你最喜欢的一种。这种动物是如何获取食物的？这与它居住的环境有什么关系？

4. **学生应解释说明食品是如何转化为能量的。**

评估样例：采用所提供的人体图解，制作流程图解释说明食物的消化方式，以及是如何提供能量的。

5. **学生应能够制作、分离盐和沙等简单混合物。**

评估样例：使用所提供的容器混合你面前的两种物质。记住在你混合这两种物质后，你还需将这两种物质分离提纯。

6. **学生应能够分析发言人的展示过程，发现逻辑漏洞。**

评估样例：我们要在接下来的几天在班里进行展示。当另一位学生发言时，请按发言顺序记下他的发言要点。当发言结束时，你会有几分钟的时间回看你的笔记，并对该发言写下简要评述。请就所展示的论点逻辑发表你的看法，以及它为何能或为何不能说服你。

7. **学生应描述《美国宪法》的条款和修订内容。**

评估样例：我们一直在研究《美国宪法》的条款和修订内容。请选择你认为在当今社会意义重大的条款或修订内容，并简要叙述如果没有该条款或修订内容，会发生什么变化。

8. **学生应能够在探索美洲的过程中，明确表明历史事件的因果。**

评估样例：我们一直研究在美洲的发现和探索成果。简要叙述美国原住民的生活和文化，以及欧洲人的探险时代带给他们的变化。请说出两个事件，并解释为什么这些事件说明了美洲原住民与欧洲探险家和朝圣者之间的因果关系。

9. **学生应能够基于观察进行假设或预测。**

评估样例：今天我们将观察涉及3种化学物质的4种化学反应。请边观察边写下你的观察结果。下课时，我会告诉你们两种化学物质的名称。请思考这些化学物质，并考虑它们与我们在课上演示化学反应时看到的化学物质的异同。请预测这两种化学物质是如何反应的，并解释你的推理过程。

10. **学生应确定说明文的主旨和依据。**

评估样例：请阅读以下节选。用几句话描述其主旨，并说出你在文中发现的两点论据。

练习3.1答案　识别不同类别的检索目标

1. **学生应能够从所列各项中识别光合作用的步骤。**

这句话体现的是对知识的识别。学生应按要求找到展示内容中的正确信息；他们不需要自己产出信息，而是需要对提供给他们的信息做出反馈。

2. **学生应能够演奏一首曲子。**

这句话体现的是对知识的执行。演奏乐曲要求学生演示一套特定的动作来完成任务。

3. **学生应能够说出六位世界重要政治领袖的名字。**

这句话体现的是对知识的回忆。学生要按要求回忆之前学过的信息，并准确复述。

4. **学生应能够列出各大洲。**

这句话体现的是对知识的回忆。学生要按要求回忆之前学过的信息，并准确复述。

5. **学生应能够找出有关总统候选人的准确和错误信息。**

这句话体现的是对知识的识别。学生要按要求分辨正确信息和错误信息；他们不需要自己产出信息，但是他们需要对提供给他们的信息做出反馈。

6. **学生应能够列出第二次世界大战的主要参战国家。**

这句话体现的是对知识的回忆。学生要按要求回忆之前学过的信息，并准确复述。

7. **学生应能够从所列动物中选出哺乳动物。**

这句话体现的是对知识的识别。学生要按要求从提供的清单中识别正确种类的信息；他们不需要自己产出信息，但是他们需要对提供给他们的信息做出反馈。

8. **学生应能够找出完整句。**

这句话体现的是对知识的识别。学生要按要求从提供的清单中识别正确种类的信息；他们不需要自己产出信息，但是他们需要对提供给他们的信息做出反馈。

9. **学生应能够列出专有名词的例子。**

这句话体现的是对知识的记忆。学生要按要求记起之前学过的信息，并准确复述。

10. **学生应能够进行两位数的加法运算。**

这句话体现的是对知识的执行。复杂的加法需要学生展示某类程序，以完成更大的任务。

练习3.2答案　识别不同类别的理解目标

1. **学生应能够描述生物行为周期的主要组成部分。**

   这句话体现的是对知识的整合。学生必须了解生物行为周期的主要组成部分以及该周期是如何运行的。

2. **学生应能够制作流程图，展示系鞋带涉及的步骤。**

   这句话体现的是对知识的象征。学生必须将系鞋带的步骤转化为抽象形式。无论学生制作流程图使用的是文字还是图示，他们都必须体现知识的象征化。

3. **学生应能够描述吃健康食品为身体提供更多能量的重要原因。**

   这句话体现的是对知识的整合。学生必须识别有关吃健康食物的人比不吃的人更长寿这一概括性陈述的明确特征。

4. **学生应能够描述马丁·路德·金博士为社会做出的主要贡献。**

   这句话体现的是对知识的整合。学生必须从他们所了解的有关马丁·路德·金博士的信息中，找到他一生中所做的主要贡献。

5. **学生应能够总结科学实验的结果。**

   这句话体现的是对知识的整合。本质上，总结需要学生区分重要信息和非重要信息。在这一情况下，学生必须观察所有实验结果，并选择最重要的进行总结。

6. **学生应能够用图表展示说明文中重要观点间的过渡。**

   这句话体现的是对知识的象征。该目标要求学生制作图表，这就是重要观点间过渡的抽象体现。

7. **学生应能够用图像展示历史事件的因果顺序。**

   这句话体现的是对知识的象征。该目标要求学生选择哪些事项或事件符合特定的因果顺序，但是鉴于他们需要非语言的表现方式来完成这项任务，象征化成为学生理解知识过程中的重要一步。

8. **学生应能够解释发言人的发言要点。**

   这句话体现的是对知识的整合。就像总结一样，解释本质上要求学生区分关键信息和辅助信息。

9. **学生应能够使用教具展示乘法的解题过程。**

   这句话体现的是对知识的象征。当学生使用（例如）积木或弹珠来描述过程中的步骤时，他们就是在将知识抽象化。

10. **学生应能够描述一个音乐流派的特征。**

    这句话体现的是对知识的整合。学生必须对音乐流派的了解足够深刻，才能描述它的特征。

练习3.3答案　识别不同种类的分析目标

1. **学生应能够将一组句子分为以下类别：简单句、复合句、复杂句。**

   这句话体现的是对知识的分类。学生要按要求将句子划分为不同类别。

2. **学生应能够从一组陈述中得出结论。**

   这句话体现的是对知识的归纳。学生要按要求将具体的信息转化为更概括的形式。

3. 学生应能够比较、对比古典、浪漫和现代音乐类型。

这句话体现的是对知识的匹配。学生要按要求找到不同类型音乐的异同。

4. 学生应能够根据沟通原则，规划办公室平面图，并解释其布局。

这句话体现的是对知识的详述。学生要按要求根据一系列原则规划出能够满足具体需求的平面图，并根据以上原则阐述这一方案的理由。

5. 学生应描述他们的观察结果与他人的观察结果的异同。

这句话体现的是对知识的匹配。学生要按要求说出异同。

6. 学生应能够根据用途对统计计算的种类进行划分。

这句话体现的是对知识的分类。学生要按要求根据上一级类别划分信息。

7. 学生应能够找到并修改书面论证中的逻辑错误。

这句话体现的是分析错误这一技能。学生要按要求找到并修改错误。

8. 对于提及的能源技术，学生应能够推断出其全球意义。

这句话体现的是对知识的归纳。学生要按要求理解当前信息，并对其更广泛的影响进行推断。

9. 学生应能够判断哪些颜色最能改善工作空间。

这句话体现的是对知识的详述。学生要按要求针对既定需求说出具体内容，并对此做出解释。

10. 学生应能够找到写作过程中的问题，并进行修改。

这句话体现的是分析错误这一技能。学生要按要求找到并修改作品中的错误和问题。

练习3.4答案 识别不同类别的运用目标

1. **学生应能够选出最佳手法来创作聚焦于质感的作品。**

   这句话体现的是决策这一目标。鉴于质感这一关注点，学生们必须使用他们了解的有关手法的知识，选择最适合的手法，创作满足目标的作品。

2. **学生应能够设计出注重能效的可替代交通方式。**

   这句话体现的是问题解决这一目标。学生必须在节省能源这一限制条件下，设计交通方式。

3. **学生应能够讨论如果肯尼迪总统没有被暗杀，越战可能的结果。**

   这句话体现的是调查这一目标。学生要按要求仔细分析某一具体时间段的情况，并依据事实、推测和他人意见，推测出结论。

4. **学生应能够就如何赢得一场网球比赛提出想法，并进行验证。**

   这句话体现的是实验这一目标。网球是有具体规则的体育活动，允许学生直接观察。一旦他们收集到了足够的数据，他们就可以运用实验进行预测，并研究实验结果。

5. **学生应能够验证如果周边环境气温发生变化，水会发生什么变化。**

   这句话体现的是实验这一目标。水改变状态是一种物理现象，可以直接进行观察。

6. **学生应能够根据某一标准选择论说文最恰当的格式。**

   这句话体现的是决策这一目标。学生必须使用具体标准自行决定哪一格式最适合论说文。

7. **学生应能够研究某一时事问题，并表达自己的立场。**

   这句话体现的是实验这一目标。因为对于有些时事问题没有绝对正确或错误的立场，所以学生可以只根据行动、意见和事件来收集信息。他们必须根据经验提供的证据，针对某观点形成有逻辑的观点。

8. **学生应能够确定某类条件下某一结果发生的可能性。**

   这句话体现的是问题解决这一目标。因为存在给定条件，学生必须克服困难才能得到正确的答案——他们必须解决问题。

9. **学生应能够制定在规定时间内在全校范围内收集数据的策略。**

   这句话体现的是问题解决这一目标。地区和时间参数不仅给学生带来了任务，还为他们带来了完成该任务需要克服的困难。

10. **学生应能够研究并展示一位有影响力的美国领导人的生平。**

    这句话体现的是调查这一目标。在这种情况下，学生要调查的是一个人的一生，而不仅仅是审视一个活动或事件。

练习4.1答案　根据难度为目标排序

学习目标按难度从高到低排列的正确顺序如下。

A. **学生应能够讨论如果某一项身体需求不能得到满足，身体会发生什么。**因为该目标要求学生进行预测，其中所涉及的认知级别属

于详述，需要学生运用分析这一形式。

学生应能够讨论对于身体最重要的饮食需求。学生要按要求确定哪项身体需求是最重要的。例如他们必须要了解与衣物相比，水是更紧迫、更重要的需求。为了达到这一目标，学生必须进行知识的整合，这也是理解知识的重要组成部分。

学生应能够在给定的清单中找出健康和不健康的食物。这一目标说明了已向学生提供了食品清单，因此，需要学生实现知识的识别（即知识的检索）。学生没有被要求产出信息或区分各类事实。

B. **学生应能够基于给定的数学等式设计复杂的应用题。这一目标要求执行复杂的程序。学生不仅必须理解等式，还必须能够基于等式设计问题。**

学生应能够在应用题和数学等式之间相互转换。这一目标所要求的程序较前一个程序更加简单，因为其中不包含设计这一部分。

学生应能够识别关于嵌入在应用题中的数学计算过程的准确描述。这一目标涉及信息的检索，学生必须选出关于应用题所涉及的数学计算过程的正确陈述。

C. **学生应能够流畅地衔接简单句、复合句和并列复合句。虽然这一目标只涉及程序的执行，却是这一组中最复杂的，因为这一目标所要求的执行水平最高。将各类结构的句子串联在一起相较于独立写出简单句或复杂句更加复杂。**

学生应能够独立写出并列复合句。这一目标涉及程序的执行。与写简单句相比，写并列复合句更加复杂，但比写包括各类结构的多个句子简单。

学生应能够用主语和谓语写出简单句。因为写作总是涉及程序的执行，所以执行是这一目标的核心。这是本组中最简单的，因为它只要求学生写出简单句。

D. 学生应能够进行标准和非标准度量单位之间的换算。这一目标要求学生执行的是本组中最复杂的程序。学生必须充分了解标准和非标准度量单位的相关知识，才能够完成系统间的换算。例如，学生可按要求明确一米等于几英尺，或一英尺等于几厘米。

学生应能够完成标准或非标准度量单位的简单换算。与下一条目标相比，这一目标要求执行的程序更复杂，而与上一条目标相比，这一目标要求执行的程序较为简单。学生能够明确3英尺等于几英寸，或者1英里等于几英尺。

学生应能够用标准单位进行简单测量。这一目标要求执行简单程序，这一程序只涉及标准单位。

E. 学生应能够对比冲突期间历届总统外交政策的得失。这一目标要求的是知识之间的匹配，这是分析的重要组成部分，因为它要求学生找到冲突期间历届总统外交政策的异同。因为这一目标对学生的分析水平提出了要求，故而这是本组中最复杂的目标。

学生应能够讨论第二次世界大战期间罗斯福外交政策的重要内容。这一目标要求的是对知识的整合（理解阶段）。学生必须充分理解罗斯福在第二次世界大战期间的外交政策，才能讨论其中的重要内容。

学生应能够对第二次世界大战期间罗斯福外交政策进行准确叙述。这一目标是这组中最简单的，因为它只要求学生对知识进行检索，知道其中的准确陈述即可。

练习4.2答案　制定量表（无标准答案）

_______课量表

4.0	学生： ● 有关4.0的内容没有重大错误或遗漏
3.5	除了达到3.0的表现外，部分习得4.0的内容
3.0	学生： ● 有关3.0的内容没有重大错误或遗漏
2.5	有关2.0的内容没有重大错误或遗漏，部分习得3.0的内容
2.0	学生： 有关2.0的内容没有重大错误或遗漏
1.5	部分习得2.0的内容，有关3.0的内容有重大错误或遗漏
1.0	在帮助下，部分习得2.0的内容和3.0的内容
0.5	在帮助下，部分习得2.0的内容，但未习得3.0的内容
0.0	即使在帮助下，也未能习得任何内容

练习4.3答案　设计非认知量表

1. 基本（3.0分）目标：学生讨论违反家庭和课堂规则的后果。

这可以被视为自我认知/自我管控目标。虽然这一目标好像涉及了分析，因为它要求学生确定在给定条件（违反规则）下可能发生的后果，但是这一目标实际上只是要求对知识进行回忆（信息的检索）。多数课堂和家庭规则都已经被明确解释过，破坏上述规则的后果学生也都明白，所以学生只用回忆他们听到的内容，就能完成目标。更简单的目标会要求学生准确识别课堂和家庭规则，以及破坏这些规则的后果。而更复杂的版本则会要求学生基于对课堂和家庭规则的了解，大致推断出哪些行为在饭店、教堂或图书馆等课堂和家庭以外的场合是恰当的，哪些是不恰当的。

2. **基本（3.0分）目标：学生习得并应用相应的非语言表达方式。**

这可以被视为社会感知和回应目标。它要求学生能从非语言表达方式揭示的内容中，了解个人情感和他人情感。这一目标要求学生能够展示对知识的整合能力，因为他们必须能够确定哪类动作构成了非语言表达方式，而哪类没有；同时它也要求学生进行实践，因为它要求学生不仅了解相关的非语言表达方式，还要会使用它。更简单的版本（2.0分值）可能要求学生运用知识检索这一过程，例如：学生识别或回忆有关非言语语言的准确陈述或单独的例子。而更复杂的版本则可涉及对基于误读非语言表达方式而产生的误解的讨论，而这则涉及了分析错误的过程。

3. **基本（3.0分）目标：学生让他人参与课堂任务或游戏。**

这一目标属于共情/尊重这一主题。它要求学生足够了解并关心他人，让他们加入小组活动。这一努力属于执行的范畴。更简单的版本（2.0分值）可涉及让他人参与课堂这一过程相关信息的检索，例如：学生识别或回忆有关让他人参与课堂相关价值观的准确陈述。而更复杂的版本（4.0分值）则可涉及更高级别的实践，比如：学生支持正在被欺负或霸凌的同学。4.0分值的目标还可要求学生进行某种分析：学生就其没能让他人参与课堂的时候进行讨论，并思考当时是否能够采取不同的行为。

附录B 什么是效应量

教育研究相关报告常使用元分析和效应量（ES）等术语。虽然这些术语无疑对研究者非常有用，但对于实践者而言，它们就显得晦涩难懂了。那么，元分析到底指什么呢？什么又是效应量呢？

元分析是指对相关研究发现的总结或合成。它着眼于与某一主题相关的所有个体研究，并进行总结。这对于教育者而言非常有帮助，因为与单独的分析相比，元分析提供的是更多且更强有力的支持（元分析实际上就是对各种分析的再分析）。

平均效应量告诉了我们所有经过调查的个体研究的结果。例如，假如元分析的目的是调查与清晰的学习目标对学生成绩的影响（X对Y的影响）相关的多个研究，那么效应量的平均值就表明了所包含的所有研究的结果，让我们知道清晰的学习目标是否能够提高学生的成绩，以及如果可以的话，能够在多大程度上提高学生的成绩。

元分析到底是如何发挥作用的？效应量又是如何计算的呢？实证研究非常具体，且经常使用自然地道的语言。我们将通过以下几步，努力解密元分析的过程和效应量的计算过程。

1. **研究者从元分析的角度对现有教育研究这一广泛领域进行调研。他们制定了关键词清单以帮助确定搜索的广度和深度。**公开发表、未发表的文章，论文、图书章节以及在线和其他电子数据库都包含在内。简言之，他们建成了所有相关研究的数据库。

2. **在初步调查相关研究后，研究者有了对每项研究的粗略想法。他们通过筛选合适的研究，构建纳入研究的标准。**他们还会密切关注研究之间的异同。强有力的结果应基于针对目的和变量相同的研究的元分析。换言之，研究者想要纳入最为类似的研究。例如，如果一项研究从标准化测试分数上定义学生成绩，另一项研究从学生自我汇报学习成果的角度定义学生成绩，那么研究者可能就无法将这两项研究纳入到相同的元分析中去。

3. **一旦研究者确定了他们会用于元分析的研究，他们就会调查每项研究的结果。**具体而言，他们会查看每项研究的效应量，以计算整个元分析的平均效应量（ES）。

计算效应量背后的过程非常细致，但基本上是通过计算实验组（享受某一教育实践好处的小组）平均值和控制组（未享受某一教育实践好处的小组）平均值之差，然后再与标准差相除而定。简言之，标准差就是每个分值与平均值之间的平均差值。例如，如果某小组分数的平均值为60，标准差为5，那么每个分值与60的平均差值为5。

为了演示说明效应量是如何计算的，我们假设一个科学科班级为实验组；这个班级有清晰的学习目标，并参加了针对某一单元科学课内容的测试。这一实验组的测试平均分数为85，而控制组的平均分数为75。这两个小组的测试标准差为20。这一研究的效应量为0.50【（85−75）/20】。这就意味着实验组的平均分比控制组的平均分要高0.5个标准差。

效应量的优势在于可以通过平均百分位增益马上对其进行准确解读。百分位增益有效地将效应量转化为我们可以理解的语言。只是如何来完成需要较为详细的解释。简而言之，一个效应量就等同于正态分布中的一个点，一旦你确定了正态分布中的一个点，你就可以确定某人在第50百分位的预期百分位增益（或折耗）。表B.1列出了多个效应量的预期百分位增值。

例如，如果使用清晰学习目标的效应量是0.50，那么教师可预估课堂里的学生会提高19个百分位。也就是说，成绩测试中分数在第50百分位的学生在清晰的学习目标的指导下，其分数预计可达到第69百分位。一般而言，效应量越高越好。

在使用元分析中的多个研究进行计算得出平均效应量后，实践者可以更加确定平均效应量及其相关百分位增值会出现在正在使用元分析重点研究的具体教育实践活动的课堂上。

虽然元分析、平均效应量和百分位增值可能一开始看起来令人生畏，但它们最终可被用于收集最广泛的、最强有力的研究成果，并将成果转化为对教师或学校管理者有意义的语言。

表B.1　效应量向百分位增益的换算

效应量	百分位增益	效应量	百分位增益	效应量	百分位增益	效应量	百分位增益
		0.5	19	1	34	1.5	43
0.01	0	0.51	19	1.01	34	1.51	43
0.02	1	0.52	20	1.02	35	1.52	44
0.03	1	0.53	20	1.03	35	1.53	44
0.04	2	0.54	21	1.04	35	1.54	44
0.05	2	0.55	21	1.05	35	1.55	44
0.06	2	0.56	21	1.06	36	1.56	44
0.07	3	0.57	22	1.07	36	1.57	44

（续表）

效应量	百分位增益	效应量	百分位增益	效应量	百分位增益	效应量	百分位增益
0.08	3	0.58	22	1.08	36	1.58	44
0.09	4	0.59	22	1.09	36	1.59	44
0.1	4	0.6	23	1.1	36	1.6	45
0.11	4	0.61	23	1.11	37	1.61	45
0.12	5	0.62	23	1.12	37	1.62	45
0.13	5	0.63	24	1.13	37	1.63	45
0.14	6	0.64	24	1.14	37	1.64	45
0.15	6	0.65	24	1.15	37	1.65	45
0.16	6	0.66	25	1.16	38	1.66	45
0.17	7	0.67	25	1.17	38	1.67	45
0.18	7	0.68	25	1.18	38	1.68	45
0.19	8	0.69	25	1.19	38	1.69	45
0.2	8	0.7	26	1.2	38	1.7	46
0.21	8	0.71	26	1.21	39	1.71	46
0.22	9	0.72	26	1.22	39	1.72	46
0.23	9	0.73	27	1.23	39	1.73	46
0.24	9	0.74	27	1.24	39	1.74	46
0.25	10	0.75	27	1.25	39	1.75	46
0.26	10	0.76	28	1.26	40	1.76	46
0.27	11	0.77	28	1.27	40	1.77	46
0.28	11	0.78	28	1.28	40	1.78	46
0.29	11	0.79	29	1.29	40	1.79	46
0.3	12	0.8	29	1.3	40	1.8	46
0.31	12	0.81	29	1.31	40	1.81	46
0.32	13	0.82	29	1.32	41	1.82	47
0.33	13	0.83	30	1.33	41	1.83	47
0.34	13	0.84	30	1.34	41	1.84	47
0.35	14	0.85	30	1.35	41	1.85	47
0.36	14	0.86	31	1.36	41	1.86	47
0.37	14	0.87	31	1.37	41	1.87	47

（续表）

效应量	百分位增益	效应量	百分位增益	效应量	百分位增益	效应量	百分位增益
0.38	15	0.88	31	1.38	42	1.88	47
0.39	15	0.89	31	1.39	42	1.89	47
0.4	16	0.9	32	1.4	42	1.9	47
0.41	16	0.91	32	1.41	42	1.91	47
0.42	16	0.92	32	1.42	42	1.92	47
0.43	17	0.93	32	1.43	42	1.93	47
0.44	17	0.94	33	1.44	43	1.94	47
0.45	17	0.95	33	1.45	43	1.95	47
0.46	18	0.96	33	1.46	43	1.96	48
0.47	18	0.97	33	1.47	43	1.97	48
0.48	18	0.98	34	1.48	43	1.98	48
0.49	19	0.99	34	1.49	43	1.99	48

注：超过2.00的效应量相当于49%的百分位增益。

附录C　新分类法中的术语和词组

表C.1　新分类法中的术语和词组

难度级别	思维过程	术语和词组
第4级 **运用**	决策	决定 从以下备选中选择最佳方案 以下内容哪项为最佳 什么是最好的方式 哪项是最合适的
	解决问题	解决 你会如何解决 调整 制定策略 找到办法 在这些条件下如何达到你的目标
	实验	实验 提出并验证 验证某一想法 如果……会发生什么 你如何验证 如果……你如何确定 如何解释 基于实验，可以预测……

（续表）

难度级别	思维过程	术语和词组
第4级 运用	调查	调查 研究 找出 表达观点 它们的不同特征是什么 如何发生 为什么发生 如果……会发生什么
第3级 分析	匹配	分类 比较和对比 区分 辨别 分辨 整理 创造类比 进行暗喻
	分类	分类 整理 分组 确定更宽泛的类别 确定各项类别 确定不同种类
	分析错误	找到错误 找到问题 找到争议 找到误解之处 评估 批评 诊断 评价 编辑 修正

（续表）

难度级别	思维过程	术语和词组
第3级 分析	归纳	归纳 得出什么结论 推断出什么 进行概述 制定原则 制定规则 描绘……的发展 形成结论
	详述	得出并解释 预测 判断 推断 什么会发生 形成论点 在什么条件下
第2级 理解	整合	描述方式或原因 描述……的重要部分 描述效果 描述A与B之间的关系 描述途径 解释 总结
	象征	象征 描述 表述 阐释 绘制 展示 使用模型 制作流程图 使用表格

（续表）

难度级别	思维过程	术语和词组
第1级 检索	识别	（从列表中）识别 （从列表中）选择 （从列表中）确定 确定（下列陈述是否正确）
	回忆	举例 说出 列出 标记 陈述 描述 确定人员 描述内容 确定地点 确定时间
	执行	使用 演示 展示 制作 完成 起草

让学生的进步看得见

马扎诺团队作品相关推荐阅读

《能力导向型教学法》

《数据驱动式教学》

《如何成为一名反思型教师》

《卓有成效的课堂管理》

《设计有效的教学评价与评分系统》

《课堂上的提问逻辑》

《如何促进教师发展与评价》

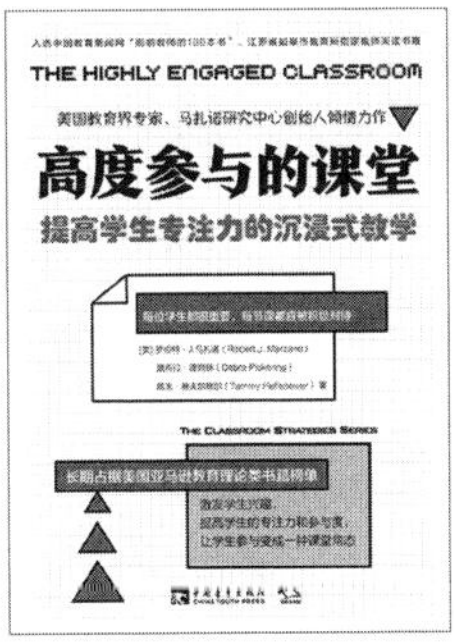

《高度参与的课堂》

重新定义教育

为核心素养而教，为生存能力而学

ISBN：978-7-5153-6994-5
作者：[美] 托尼·瓦格纳
2023-09　定价：59.90元
上架建议：教育理论

内容简介： 没完没了的考试、成绩、成功、上名校压得学生和父母喘不过气来。今天的学校与真实世界之间仿佛隔着一道巨大的鸿沟，学校安排的教学和考试、学校对学生的期待，与这个社会对学生的要求，以及学生认可的激励方式有着天壤之别。

本书直击教育痛点，揭示了学校、教师、家长、学生直面未来的发展路径，为落实培养核心素养提供实用方案，让孩子为求学、就业、未来生存做好准备。各界领袖精准点评、教育界齐声称赞，北京第一实验学校校长李希贵、斯坦福大学教育学教授琳达·达林-哈蒙德等人倾情推荐。

阅读本书，你将跟随作者打开学校教育的黑匣子，为学生释放出7种决胜未来的生存力，洞察培养出有竞争力、具备解决实际问题的能力、充满好奇心与想象力、技能娴熟的人才的底层逻辑。你将了解深化教学改革的实践模式，如何围绕学生核心素养培养进行教学设计、考试命题与评价，以及如何重新定义教学中的“精准”。

★ 比尔·盖茨推荐
★ 入选得到听书“镇馆之宝”
★ 入选中国教育报“影响教师的100本书”
★ 豆瓣热门教育学图书No.1
★ 中国教育学会副会长李希贵特别推荐；新教育实验发起人朱永新作序推荐
★ 广受美国教育界专家学者好评：美国教师联盟主席兰迪·温加滕、美国核心知识基金会创始人E.D.赫希、《认知天性》合著者马克·麦克丹尼尔、美国第十任教育部部长小约翰·B.金联袂推荐

为什么学生不喜欢上学？

认知心理学家解开大脑学习的运作结构，如何更有效地学习与思考

ISBN：978-7-5153-6708-8
作者：［美］丹尼尔·T. 威林厄姆
2023-01　定价：59.90元

内容简介：本书以“人类是如何思考和学习的”为线索，按章节依次阐述了大脑关于学习的10项基本运作原理，回答了诸如为何我们无须费力就能记住热播剧剧情却记不住知识等普遍学习困惑，揭示了故事、情感、记忆、背景知识、练习在构建知识和创造持久学习经验中的重要性，据此给出教育工作者提高学生的学习能力及精进教学技艺的方法建议。

作者的多个观点会颠覆你的固有认知，你将会重新认识并思考以下主题：“事实性知识优先于技能知识”“反复练习是精通任何脑力工作的开始”“因材施教是否有科学性证据支持”“智能可通过持续努力而改变”“对于学生不同的学习方式，我是否应该调整我的教学”“学生真能像科学家、数学家、史学家那样思考吗”“技术革新的速度再快，也没有改变人类的思考方式”等。

掌握10大认知原则，就能掌握有效学习的诀窍，不是你不喜欢学习，原来是大脑喜欢这样学！

作者简介：丹尼尔·T. 威林厄姆于杜克大学获得心理学本科学位；1990年，他获得哈佛大学认知心理学博士学位；从1992年至今，他在美国弗吉尼亚大学担任心理学教授。其研究主要关注以大脑为基础的学习和记忆，主要围绕认知心理学在基础教育方面的应用。